그때 그 책이
아니었더라면

내 인생을 다시 세운 12권의 책

그때 그 책이 아니었더라면

북크북크 지음

| 프롤로그 |

　인생을 바꾸고 싶었습니다. 하지만 방법을 몰랐습니다. 아무도 알려주지 않았고, 어디서부터 시작해야 할지도 알 수 없었습니다. 하루를 버티는 것만으로도 벅찼습니다. 숨 쉬는 것조차 힘들었던 날들이었습니다. 누구도 내 손을 잡아주지 않았고, 세상은 무심하게만 느껴졌습니다. 삶을 포기하고 싶었습니다.

　그러던 어느 날, 우연히 한 권의 책이 눈에 들어왔습니다. 그날따라 이상하게도, 그 책이 마치 빛에 휩싸인 것처럼 아우라로 빛나며 나의 시선을 잡아 끌었습니다. 그리고 나는 홀린 듯이 그 책을 집어 들었습니다.

　책은 처음이자 마지막 구조신호 같았습니다. 그때부터였습니다. 미친듯이 책을 읽어나가기 시작한 것은. 마치 호흡기처럼, 읽지 않으면 숨을 쉴 수 없을 것처럼.

그리고 하루 한 권씩 책속에 빠져 들었던 그 시간 속에서, 조금씩 변화가 시작되었습니다.

몰랐습니다. 세상이 이렇게 넓다는 걸. 내가 할 수 있는 일들이 이렇게 많았다는 걸. 내가 걸어온 길이 얼마나 좁았는지를, 성공한 사람들은 다르게 생각하고, 행동한다는 사실을 깨달았습니다.

책은 그동안 모르고 살았던 세상의 모습을 선명하게 볼 수 있게 해 주었습니다. 그리고 지금 이 순간 그 책들 덕분에 법인회사 대표이자 10만 팔로워를 지닌 SNS 인플루언서이자 3권의 책을 집필한 작가로 살고 있습니다.

일 년 동안 수백 권이 넘는 책을 읽었습니다. 하지만 모든 책이 제 인생을 바꿀 만한 감동의 순간을 선물한 것은 아니었습니다. 시간이 지나도 선명하게 남는 책, 삶의 방향을 바꿔준 12권의 책이 있었습니다. 그 책들을 통해 나는 삶의 바닥에서 다시 올라설 수 있었고, 지금의 내가 되었습니다. 만약 그 책들을 만나지 않았다면 저는 여전히 어두운 방 안에서 세상을 원망하며 살아가고 있었을지도 모르겠습니다. 이제 나는 믿습니다. 책이 인생을 바꿀 수 있다는 것을.

물론, 책을 읽는 건 쉽지 않습니다. 오히려 한꺼번에 너무 많은 책을 읽어내고자 하면 금방 지치고 포기하게 됩니다. 그래서 저는 한 달에 한 권, 1년에 12권 정도라도 반드시 읽을 것을 추천합니다. 이 책은 내 삶을 바꾸는 시작점이 되었던 책 12권에 관한 이야기를 하고 있습니다. 단순히 책의 내용을 소개하고 있지는 않습니다. 그 책들에서 감명 깊었던 문장들과 함께 필자의 이야기를 풀어갑니다.

그리고 기원합니다.

당신이 이 책을 통해 단 한 권의 인생 책을 만나게 되기를, 그리고 그 한 권이 새로운 인생의 출발점이 되기를 진심으로 바랍니다.

차례

프롤로그   004

1장

독서가 길을 만든다

책을 읽는 사람과 읽지 않는 사람의 차이	013
습관처럼 책을 읽고, 운명처럼 인생이 바뀐다	022
시대를 초월한 지혜를 배워라	031
직관과 개념	040
책을 읽었다면 반드시 실천하라	049
자신의 우물을 채워라	058

2장

생각이 바뀌면 인생이 바뀐다

내 인생을 송두리째 바꿔준 책	069
압도적으로 실행하라	076
나답게 인생을 뛰어넘어라	085
내가 가지고 있는 것에 집중하라	094
작은 걱정이 나를 무너뜨린다	101
정답은 없다, 더 좋은 질문만 있을 뿐	109

3장

삶의 본질 앞에 서다

삶의 목적을 찾아라	119
산다는 건 시련을 감내한다는 것	128
죽음 앞에 이르면 깨닫는 것들	136

4장

머뭇거리지 말고 지금 당장 실행하라

삶을 바꿀 의지가 있는가?	147
내가 틀렸다는 것을 증명하라	158
생각이 아니라 행동이 나를 규정한다	166
이겨놓고 싸워라	176
지피지기면 백전불태	186
바빠서 할 시간이 없다	195
나아가려면 뒷발을 떼라	203

5장

스스로 길을 개척하라

당신만의 메시지를 세상에 퍼트려라	213
내가 정말 좋아하는 주제를 찾아라	222
제대로 된 일을 하라	228
하기 쉬운 건 하지 않기도 쉽다	236
나의 방식대로, 나의 의지대로	244
나의 목표에만 초점을 맞춰라	251
시간은 한정되어 있다	259

에필로그	266

1장

독서가 길을 만든다

책을 읽는 사람과
읽지 않는 사람의 차이

내가 본격적으로 책을 읽기 시작한 건 2023년 5월이었다. 그전까지 나는 단 한 번도 책을 제대로 읽어본 적이 없는 사람이었다. 기껏해야 고등학생 시절, 무협소설에 빠져 지낼 때 읽었던 몇 권의 무협지가 전부였고, 나에게 책은 먼 세상의 이야기처럼 무의미한 그 무엇이었을 뿐이었다.

솔직히 말하면, 나는 책을 읽어야 할 이유조차 알지 못했다. 책을 읽지 않아도 세상은 그대로 흘러갔고, 책 한 권 없이도 하루는 어김없이 시작되고 끝났다. 책은 내 삶과 별개였고, 나의 시간은 책이 없어도 별일없이 그렇게 흘러가고 있었다.

그랬던 내가, 큰 시련을 겪고 깊은 실의에 빠졌을 때 처음으로 책을 읽게 되었다. 터벅터벅 무기력하게 걷다가 무심코 들어간 북카페, 거기에서 책 한 권을 만났다. 우연히 만난 책이 내게 말을 걸어오는 듯한 기분이 들었고, 마치 오래전부터 나를 기다리고 있었던 것처럼 조용히 내게 손짓을 했다. 나는 무언가에 홀리기라도 한 것처럼 그 책을 집어 들었다. 그 책의 제목은 『내일이 보이지 않을 때 당신에게 힘을 주는 책』이다.

내일이 보이지 않는 삶으로 하루하루를 보내던 내가 집어 들었던 그 한 권의 책이, 나에게 다시 살아갈 힘을 주었다.

책은 아무것도 가지지 않은 것처럼 보였지만, 그 안에는 세상의 모든 힘보다 더 강력한 무기를 품고 있었다. 내가 알지 못했던 지식과 깨달음, 나아가야 할 방향을 보여주는 나침반이자 다시 일어설 수 있는 단단한 발판이었다.

그때부터 나는 하루에 한 권씩 책을 읽어나갔다. 누가 시킨 것도 아니었고, 지시를 내린 것도 아니었다. 처음으로 나 자신이 주체가 되어, 나만의 서재를 한 장 한 장 쌓아가기 시작했다. 그렇게 책을 읽기 시작한 지 어느덧 2년이 흘렀고, 수많은 책의 숲을 걸으며 나는 전혀 다른 사람이 되어 있었다. 안정된 직장과 월급을 포기하는 대신 내가 꿈꾸던 일, '나 자신'이 만든 일을 통해 하루 하루를 만들어가는 사람이 되었다.

만약 책을 만나지 못했더라면 어땠을까? 명확하다. 여전히 타인이 그려준 인생의 밑그림 속에서 벗어나지 못한 채 정해져 있는 길을 따라 걷고 있었을 것이다.

우리는 평생 누군가의 지시와 통제 아래에서 살아간다. 어릴 적에는 부모님의 보호 속에서, 학교에서는 선생님의 지도 아래에서, 사회에 나가면 조직 상사들의 통제를 받는다. 타인이 정해놓은 기준에 따라 움직이며 하루하루를 보내고, 결국 평생을 '누군가의 허락 아래' 살아간다.

은퇴 후에야 비로소 자신이 원하는 일을 할 수 있는 기회를 갖게 되지만 대부분의 사람들은 오히려 당황하고 방황하기 쉽다. 지금까지 단 한 번도 스스로 자신의 삶에 대해 결정해 본 적이 없었기 때문이다. 내가 어떤 일을 하고 싶은지, 무엇을 잘하는지조차 가늠하지 못한 채 그제야 자신에 대해 처음 들여다보기 시작하는 것이다.

독서는 그 과정을 좁혀 준다. 단순한 정보가 아니라 삶의 방향을 미리 보여주는 지침이 되어 준다. 나는 운이 좋게도 그 길을 조금 더 일찍 발견했고, 책은 내가 어디로 가야 할지를 스스로 판단할 수 있는 능력을 주었다.

이른 나이에 나만의 일을 시작할 수 있었던 것도 결국 독서 덕분이었다. 그때 읽었던 수백 권의 책은 캄캄한 어둠속에서 올바른 방향을 잡을 수 있는 등대가 되어 주었고, 그렇게 책을 읽던 나는 이제, 나 스스로 만들어 가는 길 위에 서 있다.

책을 읽지 않는 사람은, 평생 자신만의 생각으로 규정지은 좁은 세상에 갇혀 살아간다. 수많은 저자들의 삶과 지혜, 경험이라는 '책이 품고 있는 힘'에 대해 이해하지 못하고, 그 가치를 경험할 기회조차 얻지 못한 채, 제한된 사고방식과 좁은 시야 속에 갇히게 된다. 그 결과, 책을 읽는 사람과 그렇지 않은 사람은 처음엔 그 차이가 미미하지만 시간이 지날수록 그 격차가 커지고 극명하게 벌어지게 된다. 즉 독서는 가랑비에 옷이 젖듯이 변화를 실감하기 어렵지만, 어느 순간 삶의 방향을 완전히 바꿔놓는 힘을 발휘한다.

책을 읽는 동안 저자를 통해 얻게 되는 간접경험으로 세상을 이해하는 관점이 넓어지고, 사고의 깊이를 더해간다. 단순한 글자가 아니라 저자가 살아온 수십 년의 경험을 단 며칠 만에 흡수할 수 있으며, 다른 사람의 시행착오를 나의 성장 발판으로 삼을 수 있다. 한 권, 두 권, 그리고 수십 권을 읽어나갈수록 생각의 틀이 확장되고, 세상을 바라보는 시야가 더욱 선명해진다.

나 역시 좁은 세상 속에서 살아왔던 사람이었다. 세상이 이렇게 넓다는 걸 알려준 사람은 단 한 명도 없었다.

하지만 책은 나에게 그 누구보다 훌륭한 인생의 스승이 되어 주었다. 내 삶에 닥친 문제를 해결해 줄 책을 찾아 읽기 시작했고, 그렇게 한 권 한 권 읽어나가면서 문제를 해결해 나갔다. 읽어낸 책이 쌓여갈수록 어휘력이 좋아졌고, 그렇게 습득한 어휘가 풍부해질수록 사람들에게 내 생각을 명확하게 전달하는 능력도 함께 성장했다. 그렇게 독서를 시작한 후, 나의 인생은 완전히 달라졌다.

만약 당신이 지금까지 살아왔던 대로 살기로 마음먹고 있다면 책을 읽지 않아도 괜찮다. 현재의 삶에 안주하고자 한다면, 책은 필요 없는 도구일지도 모른다. 하지만 조금이라도 더 나은 삶, 더 발전된 자신의 모습을 원한다면 반드시 책을 읽어야 한다. 책은 누군가의 조언이나 응원보다도 깊은 위로를 건네주며, 단단한 마음과 긍정적인 생각을 품게 해 주는 최고의 도구이기 때문이다.

어떤 책이, 어떤 문장이 나의 인생을 바꾸게 될지는 그 누구도 예상할 수 없다. 하지만 책을 읽지 않는다면 아무런 변화도 찾아오지 않는다. 그러니 변화를 원한다면 독서해야 한다. 그렇게 묵묵히 책을 읽어나가다 보면 어느새 책이 나를 목표로 삼은 곳으로 데려다 주고 있다는 걸 깨닫게 될 것이다.

지금의 세상은 빠르게 변화하고 있고, 그 변화를 따라가지 못하면 결국 뒤처질 수밖에 없다.

세상이 변한다는 것은 곧 개인이 변하고 있다는 뜻이며, 변화하는 세상 속에서 나를 성장시키기 위해 '저자著者'라는 스승이 남긴 삶의 지혜를 습득하며 스스로 변화할 수 있었다. 책을 만나기 전까지 나는 같은 자리를 맴돌며 허공을 향해 발걸음을 내딛는 기분이었지만 책을 읽으니, 마치 책이 내 발 디딜 곳을 만들어주는 든든한 다리 같았다.

책을 꾸준히 읽은 사람은 미래를 두려워하지 않는다. 미래가 두려운 이유는 불확실하기 때문이고, 독서를 하면 불확실성이 점점 줄어든다. 내가 도전하고자 하는 일을 먼저 시도한 사람들이 그 지혜를 전해 주고 위험을 피할 수 있도록 실패와 성공의 경험을 가르쳐주기 때문이다.

『독서는 절대 나를 배신하지않는다』에는 이런 문장이 있다.

> "세상은 점점 더 기회를 주지 않을 것이고, 그만큼 후회 하지 않을 결정을 내리는 것은 더욱 중요해질 것이다."

경험과 지혜가 부족한 사람은 결국 같은 실수를 반복하며, 같은 벽에 부딪힐 수밖에 없다. 나 역시 14년간의 안정된 직업, 군인이라는 삶을 포기할 때 수많은 고민과 걱정 속에서 하루하루를 보냈다. 하지만 책을 통해 간접적인 지혜를 쌓으면서 확실하게 알게 되었다. 내가 내리는 이 결정을 결코 후회하지 않으리라는 것을.

그 선택은 나의 삶을 완전히 바꾸어놓았다. 지금은 좋아하는 일, 하고 싶은 일을 하며 살아가고 있다. 독서를 하지 않았다면 그 어떤 결정도 하지 못한 채, 주어진 삶에 이끌려가는 사람이 되었을 것이다. 경험과 지혜가 부족한 나에게 독서는 부족함을 채워주는 소중한 보물이었다.

후회하지 않는 인생을 살고 싶다면 꾸준하게 책을 읽어야 한다. 지혜와 경험이 쌓일수록, 내가 원하는 삶을 살 수 있는 확률은 높아진다. 작은 결정이 인생 전체를 바꿀 수 있고, 그런 선택을 해야 하는 순간은 반드시 찾아온다. 그 순간 지식과 지혜가 부족하면 선택의 폭이 좁아지고 수동적인 인생에 이끌리는 삶을 살 수밖에 없다.

책을 읽는 사람이 되면서 책을 꾸준히 읽는 사람들을 접하게 되었다. 그리고 그들과 대화할 때면 이야기의 깊이가 다르다는 걸 느낀다. 친구들과 대화를 나눌 때면 일상의 이야기, 지금 겪고 있는 일들이 주를 이루지만, 책을 읽는 사람들과의 대화에서는 미래에 관한 생각, 삶의 방향, 그리고 희망에 관한 이야기가 자연스럽게 오간다.

책을 많이 읽는 사람과 그렇지 않은 사람 사이에는 확연한 차이가 있다.

어떤 이들은 과거에 갇혀 사는 것처럼 보였고, 어떤 이들은 앞으로 걸어갈 길을 하나씩 계획하며 움직이고 있었다는데, 그 차이를 만든 건 결국, '책을 읽느냐 읽지 않느냐?'

였다. 책을 읽는 사람이 되어보지 않는다면 그 감정을 느낄 수 없다.

미디어가 발전하고 필요한 정보를 손쉽게 찾을 수 있는 지금 같은 시대일수록, 오히려 독서의 힘은 더 강력해진다. AI는 정보를 알려주지만, 책은 '사고하는 방법'을 알려주기 때문이다.

자신의 삶을 직접 이끌어 나가려면 책을 읽어야 한다. 책이 주는 힘을 자기 안에 흡수해 내는 사람이 세상을 바꾸는 사람이 된다. 세상을 바꾸는 사람은, 자기 자신을 바꾼 사람이다. 그리고 그 변화는, 책 한 권에서부터 시작된다.

습관처럼 책을 읽고,
운명처럼 인생이 바뀐다

독서가 습관으로 자리 잡을 수 있을까?

나는 그렇게 믿는다. 다만, 독서를 위해선 반드시 자신만의 시간이 필요하다. 꼭 정해진 시간이나 장소에서 읽어야 한다는 말이 아니다.

요즘은 굳이 종이책이 아니더라도, 핸드폰 하나만 있으면 언제 어디서든 책을 읽을 수 있는 시대다. 나 역시 전자책으로 대부분의 독서를 하고 있고, 전자책에 등록되지 않은 신간이 나올 때만 서점에 들른다.

한 달에 몇 권을 읽겠다는 다짐보다 책을 펼치겠다는 마음가짐이 독서를 습관으로 만든다는 걸 깨달았다.

하지만 그 습관은 하루아침에 만들어지지 않았다. 자연스러운 독서도, 결국 의식적인 훈련의 반복에서 비롯되기 때문이다. 독서를 습관으로 만들기 위해서는 남들보다 더 큰 노력이 필요하다. 나 역시 처음 활자를 접했을 때는 금세 졸음이 쏟아졌다. 처음 책을 읽기 시작한 사람이라면 누구나 겪는 일이다.

  습관이 인생을 바꾼다는 사실은 누구나 알고 있다. 독서가 습관이 되면, 언제 어디서든 지혜를 얻을 수 있다는 뜻이 된다.

  책을 많이 읽는 사람들은 시간이 많아서 그럴 수 있었던 게 아니다. 누구에게나 똑같이 주어진 시간 속에서, 책을 읽기로 선택했을 뿐이다.

  습관은 내가 평소에 반복하는 행동으로부터 만들어진다. 의식해서 만든 것이든, 무의식중에 반복된 것이든 결국 모두가 습관이 된다. 나 역시 예전엔 퇴근 후 아무 생각 없이 유튜브를 틀었고, 게임을 하거나 치킨에 맥주를 곁들이며 하루를 마무리하곤 했다. 그게 습관이라는 자각조차 없었다. 그저, 익숙했던 행동일 뿐이었다. 그렇게 똑같은 시간을 반복하는 동안 진급에 실패하고, 소중했던 친구와의 관계마저 틀어지는 날이 닥쳐왔다. 그날은 유독 모든 것이 무너져 내리는 듯했다. 그렇게 처절한 실패를 마주한 어느 날, 나는 깨달았다.

"이대로는 안 된다."

처음으로, 인생을 바꿔야겠다고 결심했다. 그날부터 퇴근 후엔 무조건 책을 펼치기로 했다. 사실 처음에는 이 행동이 습관으로 자리 잡을 거라고는 생각하지 못했다. 하지만 어느새, 시간이 조금이라도 생기면 자연스럽게 책을 펼치고 있는 나를 발견하게 되었다. 이제는 책을 읽는 것이 '의무'가 아니라 '당연한 일상'이 되었다.

요즘은 대중교통을 자주 이용하기 때문에, 이동 시간은 전부 책을 읽는 시간으로 쓰고 있다. 독서를 습관으로 만들기 위해 내가 가장 처음으로 한 것은, 재미있는 책을 읽는 것이었다.

사람마다 좋아하고 맞는 책이 있다. 나는 간결하고 실용적인 문체로 독자의 성공 동기를 유발하고 변화를 이끄는 책을 선호했다. 습관으로 만들기 위해서는 재미를 느껴야 하고, 내가 좋아해야 한다고 생각했다. 지금은 다양한 장르의 책을 읽고 있지만 처음 독서를 습관으로 만들던 시기엔 나의 흥미를 자극하는 책들만 골라 읽었다. 그렇게 몇 달이 지나자, 독서는 나에게 세상에서 가장 재미있고 유익

한 습관이 되어 있었다.

독서를 생활화하다 보면, 자연스럽게 사고의 지평이 넓어진다. 책 속에는 내가 아직 가보지 못한 세계, 겪어보지 못한 인생이 담겨 있고, 그걸 읽는다는 건 간접적으로 경험을 쌓는다는 뜻이다. 그렇게 쌓인 경험치들은 어느 순간 내 말과 행동에서 스며 나오기 시작한다.

지금도 매일 블로그에 글을 쓰고, 웹소설을 집필하고, 유튜브 영상을 만든다. 이 모든 것이 가능했던 이유는 단 하나. 책을 꾸준히 읽었기 때문이다. 그 안에서 얻은 인사이트와 문장들이 나의 사고를 단단하게 만들고 표현을 자유롭게 만들었다.

그런데 의외로, 많은 사람이 독서를 어렵게 느낀다. 책을 읽기 위해서는 마음을 단단히 먹고, 조용한 서재에 앉아, 시간을 내야만 할 것 같다고 생각한다.

하지만 중요한 건 '책을 특별한 무언가로 대하지 않는 태도'다. 독서는 대단한 결심이 아니라 일상이 될 때 삶 속에 스며든다. 그리고 그 태도에서 습관은 시작된다.

책을 가볍게 바라보는 태도를 지니게 되면, 자연스럽게 읽고 싶은 책들이 많아진다. 가령 "이 책은 나와는 맞지 않을 것 같다."라는 느낌이 들면, 그냥 그 책은 읽지 않으면 된다.

지금, 이 순간에도, 내가 이렇게 글을 쓰고 있는 중에도, 세상엔 수많은 책이 끊임없이 쏟아져 나오고 있다. 그렇게 쏟아져 나오는 책들 중에서 어떤 책을 읽고, 어떤 문장에서 무엇을 얻게 될지는 아무도 알 수 없다.

니체는 이런 말을 했다.

"그 하룻밤, 그 책 한 권, 그 한 줄이 인생을 바꿀지도 모른다."

나도 니체의 말에 깊이 동의한다. 나의 인생을 송두리째 바꿔준 건 책이었고, 때론 단 한 문장이었다. 실의에 빠져 있던 나를 일으켜 세운 것도 바로 그런 문장이었다.

짧은 한 문장의 힘이 어떤 변화를 불러올 수 있는지를 보여주는 이야기가 있다.

한 아버지가 있었다. 9살 난 아들이 짜증을 부리며 놀고 싶다고 떼를 쓰자, 아버지는 아이가 가지고 놀던 세계 지도를 찢어서 건네며 말했다.

"이걸 맞추면 25달러를 주마."

그리고는 잠시 밖에 나갔다가 돌아왔는데, 아이는 세계 지도를 완벽하게 맞춰 놓고 있었다.

놀란 아버지가 어떻게 그렇게 빨리 맞췄냐고 묻자, 아이는 이렇게 대답했다.

"지도 뒷면에 사람 얼굴이 그려져 있었어요. 사람 얼굴을 맞추니까 세계 지도가 저절로 맞춰졌어요."

아이는 세계 지도를 맞춘 것이 아니라 지도 뒷면에 그려진 '한 사람의 얼굴'을 먼저 맞춘 것이었다. 그 사람의 얼굴이 올바르게 맞춰지자, 세계지도 역시 자연스럽게 제자리를 찾았다. 그 이야기를 듣는 순간, 나는 깊은 울림을 느꼈다.

그동안 나는 세상이 잘못됐다고 생각했다. 왜 나에게만 이런 시련이 닥치는지, 왜 유독 나만 힘든 삶을 살아야 하는지 모든 원인을 세상 밖에서 찾고 있었다. 하지만 문제는 세상이 아니라 먼저 내가 바로 서야 한다는 사실을 그때야 깨달았다.

만약 그때 책을 읽지 않았다면, 나는 여전히 다람쥐가 쳇바퀴를 돌리며 뛰는 것처럼 고통과 불만 속에서 하루하루를 반복하며 살고 있었을지도 모른다. 책은 내게 말해줬다. 세상을 바라보는 나의 시선이 달라져야 한다는 것을.

내가 올바르게 생각하면, 세상도 올바르게 보인다는 걸 알게 되었다. 부정적인 생각으로 하루를 가득 채운 사람이 밝은 세상을 본다는 건 애초에 불가능한 일이었다. 누군가는 그 이야기와 문장을 흘려들었을지도 모른다.

하지만 나에게는 달랐다. 그 문장에서 내가 바꿔야 할 단 하나의 세계는 '나 자신'이라는 걸 들을 수 있었기 때문이다. 그 순간부터, 바깥이 아니라 자신을 들여다보기 시작했다.

같은 문장을 읽어도, 자신이 처한 상황이나 문제에 따라 받아들이는 방식은 다르다. 어떤 책이, 어떤 한 줄이, 인생을 바꿔줄 것인지는 아무도 모른다. 책을 읽는 사람만이, 자신만의 답을 찾을 수 있다.

"당신이 하루 중 대부분의 시간을 회사에서 보내고 있으면서, 어느 순간 함께 일하는 동료들과 별반 다를 게 없어졌다고 느낀다면, 지금 당장 책을 읽어야 한다."

이 문장은 나의 두 번째 책 《나는 얼마짜리인가》에서 강조했던 주제이기도 하다. 대체되지 않는 사람이 되어야 한다. 자신만의 일을 하는 사람만이, 진짜 대체되지 않는 사람이 될 수 있다. 나 역시 조직 안에서는 쉽게 대체될 수 있는 사람이었다.

주변의 동료들과도 크게 다르지 않았다. 정해진 매뉴얼을 따르고, 정해진 시간에 움직이며, 정해진 인생을 살아가고 있었다. 하지만 지금은 다르다. 나는 나만의 일을 하고 있고, 회사를 만들고, 자신의 이름으로 살아가는 과정을 밟고 있다.

책을 읽지 않았다면, 책을 쓰지 않았다면 나는 여전히 그 조직 안에서 '정해진 하루'를 반복하며 살아가고 있었을지도 모른다. 누군가의 지시와 통제 속에서 단 한 번도 내 시간을 마음대로 써보지 못한 채 남이 짜놓은 삶을 살고 있었을 것이다.

내 삶의 주도권을 가지려면 시간을 다르게 써야 한다. 그 사실을 깨달은 뒤부터 나는 하루하루를 더 소중히 여기게 되었고, 시간을 흘려보내는 것이 아니라 쌓아가는 것으로 보기 시작했다. 그 시작이 바로 책 읽기였다.

책을 왜 읽어야 하는지를 알기 위해선 직접 책을 읽어봐야 한다. 성공을 거둔 수많은 사람들의 특징 중 하나가 삶이 아무리 바빠도 독서만큼은 놓지 않는다는 것이다. 그 이유는 책에 삶을 바꾸는 단서가 숨어 있기 때문이다.

책을 읽는다고 모두가 성공하는 건 아니지만 내가 만난 성공한 사람들은 예외 없이 독서를 생활화 하고 있는 이들이었다. 단지 정보를 얻기 위해서가 아니라 자신의 사고력을 단단하게 세우고, 말의 힘을 키우기 위해 책을 읽는 사람들이었다.

어휘의 구사력은 곧 생각의 깊이다. 더 많은 단어와 다양한 표현 능력을 갖추면 그만큼 더 정교한 사고체계를 가지게 되고, 생산적인 대화를 나눌 수 있다. 말은 생각을 담는 그릇이고, 생각은 인생을 이끄는 나침반이기 때문이다.

그래서 나는 오늘도 책을 읽는다. 그리고 당신에게도 말해 주고 싶다. 책은 인생의 모든 답을 주지는 않지만, 당신이 던지는 질문에 더 나은 방향을 제시해 준다.

지금 책을 펼쳐보자. 그 문장이, 당신의 인생을 이끌어 줄지도 모른다.

시대를 초월한 지혜를 배워라

고명환 작가님이 집필하신 『고전이 답했다』를 정말 감명 깊게 읽었다.

나는 그동안 고전에 큰 관심이 없었다. "요즘 트렌드에 맞는 책을 읽어야 하는 거 아닌가?"라는 생각으로 고전은 늘 뒤로 미뤄두기만 했던 책이었다. 그러다 『고전이 답했다』를 읽고 자연스럽게 고전에 대한 생각을 바꾸게 되었고, 읽어보게 되었다.

처음부터 어렵거나 해석하기 힘든 책을 읽은 건 아니었다. 내가 읽은 책은 『어린 왕자』와 『누가 내 치즈를 옮겼을까?』였다. 『어린 왕자』는 어릴 적 한 번 읽었던 기억이 있었는데, 그땐 그냥 보아뱀과 코끼리만 생각났고, 그 안에 어떤 의미가 담겨 있는지는 전혀 알 수 없었다. 그런데 성인이 된 후, 『어린 왕자』를 읽었을 때 충격을 받았다.

고전을 읽어야 하는 이유를 그때 처음 깨달았다. 같은 책도 시기나 상황에 따라 다르게 읽히는데, 고전은 특히 그랬다. 직설적으로 메시지를 전달해 주기보다는, 독자가 스스로 질문하고 답을 찾게 만드는 힘이 고전에는 있었다. 『어린 왕자』에 이런 문장이 있다.

> "그때 해야 할 일을 나중으로 미루는 것이 때로는 괜찮을 수도 있겠지만, 바오밥나무의 경우에는 그랬다간 틀림없이 큰일을 당하게 돼."

예전에도 이 문장을 보았을 수 있다. 하지만 그냥 스쳐 지나갔을 것이다.

『어린 왕자』에는 바오밥나무를 제때 제거하지 않으면 별 하나를 통째로 삼켜버릴 수 있다는 말이 나온다. 그때는 단순히 "바오밥나무가 별만큼 크니까 그렇겠지?"라는 생각 정도로 넘겼다.

하지만 아니었다.

이 문장은 인생에 있어 아주 중요한 교훈을 담고 있었다.

"중요한 일을 미루게 되면, 결국 내 인생 전체를 흔드는 문제로 커질 수 있다"는 것이었다.

작은 문제로 보고 무시하게 되면 큰 위기로 돌아오게 된다는 것, 그것이 바오밥나무가 가진 은유였다.

『어린 왕자』에 나오는 '별'은 나의 인생과 같았다.

바오밥나무는 처음에는 아무것도 아닌, 아주 작은 문제였을지 모른다. 하지만 문제를 방치하고 제때 해결하지 않으면 결국 더 큰 문제로 자라나, 내 인생 전체에 영향을 줄 수 있다는 이야기였다.

똑같은 책이지만 이번에는 전혀 다르게 다가왔다.

이처럼 고전은, 읽을 때마다 해석이 달라진다. 그게 고전의 힘이다.

『고전이 답했다』를 읽지 않았다면 여전히 고전을 외면했을 것이다. 굳이 고전이 아니더라도, 세상에는 읽어야 할 책들이 무궁무진하니까.

그런데 그 책을 읽고 나서 문득, 고명환 작가님을 실제로 한 번 뵙고 싶다는 생각이 들었다. 그래서 무료 강연을 신청했다.

책을 읽으면 그 사람의 팬이 된다. 더 알고 싶어지고, 어떤 가치관과 세계관을 가진 사람인지 직접 눈으로 확인해 보고 싶어진다. 실제로 고명환 작가님의 강의를 들으면서 많은 생각에 잠겼다. 『고전이 답했다』를 쓰게 된 이유와 목적을 설명해 주셨을 때, 나는 큰 깨달음을 얻었다.

고명환 작가님은 자신에게 이런 질문을 던졌다고 한다.
"나는 과연 문학, 소설, 철학 같은 책을 쓸 수 있을까?"
결론은 "아니다!"였다. 하지만 이렇게 생각했다고 한다.
"그렇지만, 한 가지 메시지를 담은 자기계발서는 쓸 수 있겠는데?"
그 이야기를 들었을 때, 나 자신을 향해 똑같은 질문을 던지게 되었다. 작가님의 말처럼 나만의 메시지를 전할 수 있는 책을 쓸 수 있겠다는 용기가 생겼.

강연에서 작가님은 양자역학에 관한 이야기도 덧붙여 설명해 주셨다.

내 안에는 많은 것들이 중첩되어 있다고 한다.

고명환 작가님은 개그맨 시절, 자신은 무조건 개그맨으로 성공해야 한다고 믿었다고 했다.

'무대 위에서 주인공이 되어, 사람들을 웃기고 기쁘게 해 주는 것.' 그것이 자신이 가진 전부라고 생각했고, 그 생각대로 살아왔다고 한다.

그러던 중 큰 교통사고를 겪고 죽음의 문턱까지 갔을 때, 자신이 진짜로 원하는 삶이 무엇이었는지 깨닫게 되었다고 했다.

"무대에서 주인공이 되는 것이 꼭 방송인으로만 가능한 걸까?"

"내가 책을 쓰고, 이렇게 강단에 서서 강연을 한다면 그것 또한 무대의 주인공이 아닐까?"

고명환 작가님은 내면에 잠들어 있던 또 다른 가능성을, 책을 통해 발견했다고 말했다. 이번에 『고전이 답했다』를 집필하면서는, 오직 한 가지만 전하자는 마음으로 책을 썼다고 하셨다.

"내 책을 읽고 누군가가 고전을 읽고 싶게 만든다면, 나는 그것 하나면 만족한다. 내 책은, 누군가 고전을 읽고 싶게 만들기 위한 책이다."

그 말을 듣는 순간, 온몸에 소름이 돋았다.

단 하나의 메시지를 전하기 위해 한 권의 책을 쓰는 사람. 그 진심이, 그 울림이 그대로 가슴에 박혔다.

내가 많은 욕심을 가지고 있었다는 걸, 그제야 깨닫게 되었다.

이미 두 권의 책을 써냈지만, 정작 왜 쓰는지, 무엇을 전하고 싶은 것인지에 대해서는 명확하게 생각도 정리하지 못하고 있었다. 지금 이렇게 다시 책을 집필하고 있는 이 순간, 그 이유와 목적을 선명하게 깨닫게 해 준 이야기였다.

내가 이 책을 쓰는 이유는 단 하나, 내가 소개하는 12권의 책 중에서 단 한 권이라도 누군가의 손에 닿게 하는 것이다. 그 한 권의 책이 누군가의 인생을 조금이라도 바꿔줄 수 있다면 나는 그걸로 충분하다.

책의 힘은 이처럼 대단하다. 깨닫지 못했던 것을 깨닫게 해 주고, 내가 나아가야 할 방향을 잡아주기도 한다. 책을 매개로 많은 사람과 연결되고, 그 연결을 통해 또 다른 사람의 이야기를 들으며 내 안의 다른 부분을 다시 깨닫게 된다. 결국, 책은 기회를 만들어주는 도구가 된다. 그 기회는 내가 만들어낸 것이 아니라 책이 열어준 것이다.

새로운 지혜를 습득하지 않고, 책들을 읽지 않았다면 깨달음도 얻지 못했을 것이다.

『누가 내 치즈를 옮겼을까?』에는 이런 문장이 나온다.

"과거에 집착하고 미련을 두는 것은, 또 다른 변화의 조짐을 알아차리지 못하게 하는 과오를 남긴다. 자신이 먼저 변하지 않으면, 다른 것도 변하지 않는다는 사실을 인정하게 되었다."

정말 신기하지 않은가? 내가 처음 읽은 책에도 같은 맥락의 문장이 등장했기 때문이다. 심지어 고전들은 훨씬 오래전부터 그 진리를 이야기하고 있었다. 책은 겉보기엔 서로 떨어져 있는 것 같지만, 계속 읽어보면 비슷한 이야기를 끊임없이 전하고 있다는 걸 알게 된다.

심지어 성격이 전혀 다른 책들조차 그런 메시지를 품고 있다.

왜일까? 인간은 태초부터 변하지 않았기 때문이다. 인간이 가진 생각, 바라는 목표, 인생을 살아가는 방식은 예전이나 지금이나 다르지 않다. 그래서 책은 그 지혜를 시대를 넘어 지금의 우리에게도 계속해서 전해 주고 있다.

내가 변하지 않으면, 세상도 변하지 않는다.

이 단순한 진리를 깨닫지 못했기에, 나는 세상을 원망하고 좌절하고 있었다. 지금 내가 뭔가 힘들고, 일이 잘 풀리지 않는 듯한 느낌이 강하게 든다면, 그건 어쩌면 '나를 바꿔야 할 시기'일지도 모른다. 그리고 나를 바꾸기 위한 최고의 도구는, 바로 책이다.

『누가 내 치즈를 옮겼을까?』에는 변화 앞에서 서로 다른 반응을 보이는 두 팀이 등장한다. 한 팀은 변화를 받아들여 새로운 치즈를 찾으러 나선다. 반면 다른 팀은 치즈가 사라진 뒤에도, "왜 없어졌는지?" 고민만 하면서 계속 그 자리에 머무른다.

환경을 탓해서는 아무것도 변하지 않는다.

『고전이 답했다』에는 이런 문장이 나온다.

"그림자의 삶에는 자유가 없다. 자기가 원하는 방향으로 갈 수가 없다. 방향을 바꿔야 한다. 자기만의 빛을 찾아야 한다."

변해야 한다. 자신만의 빛을 찾아야 한다. 남의 그림자로 살아간다는 것은 결국, 본체를 따라가며 나의 의지 없이 이끌려 다니는 삶을 의미한다. 그게 바로 인생에 끌려가는 삶이다.

내가 스스로 빛을 내고, 나만의 그림자를 만들어야 한다. 이끌려 다니지 않는 삶. 내가 주체가 되어 앞으로 나아가는 삶!

그렇게 살기 위해선 반드시 변화해야 한다. 지금까지 같은 행동을 반복하면서 결과만은 달라지길 바란 적이 얼마나 많았던가? 그리고 그 결과가 기대와 달랐을 때, 나는 얼마나 좌절했던가? "이렇게 열심히 했는데 왜 아무것도 변하지 않을까?"라는 질문을 수없이 반복하며, 마음속엔 깊은 허무함이 쌓여갔다.

하지만 지금은 안다. 변화하지 않으면, 새로운 결과는 주어지지 않는다는 것을.

환경이 바뀌길 바라면서도 나는 그 자리에 머물러 있었다. 내가 바뀌지 않으면, 그 어떤 것도 바뀌지 않는다. 환경에 지배당하고 흘러가는 대로 끌려가는 삶을 바꾸는 방법은 단 하나. 나 자신이 바뀌는 것뿐이다.

직관과 개념

『고전이 답했다』를 읽으면서 깊이 깨닫게 되었던 건 바로 '직관'과 '개념'의 차이였다. 지금까지 살면서 단 한 번도 깊이 생각해본 적이 없는 단어들이었다. 그런데 이 책을 통해 그 차이를 알게 되었고, 내 삶에 직접 적용할 수 있었다.

'직관'은 말 그대로 '직접 관찰한다.'라는 뜻이다. 내가 보고, 느끼고, 판단하고, 결정하는 것이다. 누군가의 의견을 따르는 게 아니라 내 눈으로 보고, 내 몸으로 체험한 것을 기준으로 삼는 것이 바로 직관이다. 관념도 아니고, 외부 지식도 아니다. 완전히 주체적인 사고방식이다.

반면 '개념'은 각 개인이 직관한 내용 중에서 공통된 요소만을 뽑아내어 정리한 것이다. 수많은 사람이 각자 겪고 느낀 직관을 모아 겹치는 부분을 추출하고 일반화한 것으로서 '내가 직접 체험한 것'이 아니라 '다른 사람들이 정의해 놓은 생각'인 셈이다. 개념은 보편성을 추구하지만, 나만의 진짜 경험은 아니다.

나는 지금까지 개념 속에 갇혀 살았다는 사실을 책을 통해 깨달을 수 있었다. 남들이 정해놓은 길, 안전하다고 추천하는 직업, 그게 옳은 줄로만 알고 따라갔다. 실제로 내가 군 생활을 할 때 부모님이 가장 많이 해 주셨던 말이기도 하다.

"안정적인 직업이니 조금만 참아라."
"연금이 나올 때까지만 버텨라."

그때는 그 말들이 당연한 진리처럼 들렸다. 나를 걱정해서 하는 말이라는 것도 알았고, 실제로 그렇게 살아가는 사람들이 훨씬 많았다. 그래서 의심조차 하지 않았다.

하지만 이제는 알게 되었다. 그 말들은 모두 '개념'이었다. 내가 직접 살아보고 느낀 것이 아니라 누군가가 만들어놓은 안전의 기준, 성공의 기준이었다. 그 기준 안에 나를 억지로 집어넣고, 고통을 참아가며 버티고 있었다.

"안전하게 사는 것이 최고다." "평생 직업을 가질 수 있는 일을 찾아야 한다."

남들이 정해놓은 답이 그거였다. 안정적으로 오래 일할 수 있는 일, 내가 판단하고 결정한 길이 아니라 남들이 미리 정해놓은 길 위에 내 발을 올려놓았을 뿐이었다.

그 길이 맞는지 틀리는지조차 판단할 겨를이 없었다. 누구나 처음에는 양옆을 돌아볼 겨를 없이 앞만 보고 가기 마련이니까. 그렇게 앞만 보며 걷던 나는, 직관이 얼마나 중요한지 깨달았다.

내가 처음 전역을 하겠다고 했을 때, 모두가 반대했다. 왜냐하면 "개념이 없다."라고 판단했기 때문이다. 보편적인 시선으로 보자면, 작가라는 직업은 안정적인 직업에 들어가지 않는다. 안정성이든 뭐든 보장되는 것은 아무것도 없다. 계획도 불확실하다. 다들 말릴 수밖에 없는 이유다.

나는 직관을 따랐다. 무엇을 할 때, 어떤 일을 할 때 내가 행복을 느끼는지를 깨달았기 때문이다. 안전하다고 정해진 길이 아니라 '내가 진짜 살아 있다'고 느끼는 방향으로 가야겠다는 확신이 들었다.

세상을 살아가기 위해선 안정된 직업을 갖는 것도 중요하다. 사실, 이 문장을 쓰고 있는 지금 이 순간에도 나는 자신을 향해 이렇게 말하고 있다.

"안정적인 직업을 갖는 것도 중요해."

그 말이 얼마나 익숙한지, 마치 오랫동안 내 안에 자리 잡은 신념처럼 느껴진다.

이게 바로 '개념의 힘'이자, 무서움이다. 누구도 명확히 가르쳐준 적 없지만 반복된 사회의 메시지와 주변의 말들이 내 사고의 프레임을 만들어버린 것이다.

일주일 중 주말 하루는 쉬는 날로 정해서 오랜만에 맥주를 한 잔 마시며 영화를 봤다. '인천상륙작전'이라는 영화였다. 내가 군인 출신이라서 그런지, 유독 더 와 닿는 장면들이 많았다. 직관과 개념에 대해 알지 못했다면 그냥 지나쳤을 장면도 있었을 것이다. 나는 영화를 볼 때 재미있으면 몇 번이고 반복해서 보는 스타일이다.

아무 생각 없이 다시 영화를 보고 있었는데, 이런 장면이 나왔다.

맥아더는 인천상륙작전을 상부에 보고했지만, 승인 명령은 계속해서 나오지 않았다. 이에 고위급 간부들이 직접 맥아더를 방문해 이야기를 나눈다. 인천상륙작전의 성공 확률은 5,000분의 1이었다.

맥아더는 끊임없이 작전 실행을 주장했다. 전세를 뒤집기 위해서는 인천상륙작전이 유일한 길이라는 것이다. 그러나 모든 참모와 주변 사람들은 확률을 근거로 들며 반대했다. 그리고 얼마의 시간이 흐른 뒤, 결국 작전은 승인된다.

작전명 '크로마이트.'

이 작전은 실제로 6.25 전쟁의 흐름을 완전히 뒤바꾸는 계기가 된다.

맥아더 장군은 과연 무엇을 본 것일까? 무엇을 보고 그런 확신을 가지고 작전을 강행했을까?

직관이었을 것이다. 사람들이 말하는 성공 확률에 기댄 것이 아니라 자신이 지금까지 전쟁하며 겪어온 일들, 쌓아온 경험들, 그리고 그 안에서 판단해온 것들을 바탕으로 작전을 결정했을 것이다.

이것이 바로 직관의 힘이다. 남들이 실패할 것이라 말할 때 망설이지 않고 도전하는 사람, 그 직관을 믿고 밀어붙이는 사람, 그런 사람은 때로는 정말로 세상을 바꾸기도 한다.

어디 맥아더 장군만 그럴까?

이순신 장군은 또 어떤가?

이순신 장군은 명량해전 당시 고작 12척의 배로 133척의 적을 상대해야 했다. 명량해전을 앞두고 당시의 모든 참모들이 작전에 반대했다고 한다. 심지어 거북선에 불을 지르기까지 하며 이 작전을 막으려 했던 참모도 있었다. 그럼에도 이순신은 명량해전을 치렀고, 결국 승리했다. 이것 또한 직관의 힘이 아닐까?

도저히 승리할 수 없을 것 같은 상황 속에서도 끝까지 자신을 믿고 앞으로 나아가는 사람, 그런 사람이 바로 직관의 힘을 가진 사람이다.

나 역시 직관의 힘을 믿는다. 그래서 모두가 말렸던 전역을 결심할 수 있었다. 그 선택은 내가 나를 믿었기 때문에, 그리고 지금까지 겪어온 경험들을 믿었기 때문에 가능했다.

당신은 어떤가?

어떤 인생을 살고 있는가? 남들이 만들어놓은 길을 걸

으며, 남이 하라는 대로, 남이 정해준 대로 살고 있지는 않은가? 스스로 세상을 관찰하고 판단하는 삶을 살고 있는가? 하루를 살더라도 나의 의지대로 살고 싶다는 생각을 해 본 적은 있는가?

시간, 공간, 모든 것을 내가 정할 수 있는 인생이 있다. 그곳으로 한 걸음 내디딜 것인지, 아니면 남이 정해준 자리에 머물 것인지는 내가 정하는 것이다. 나를 믿지 못하면, 남도 나를 믿어줄 수 없다.

직관을 가지기 위한 첫 번째 조건은 단 하나, 그 누가 뭐라고 하든지 자신을 먼저 믿는 것이다. 남들이 어떤 말을 하든지 간에, 어떤 환경에 놓여 있든 간에, 흔들리지 않고 자신의 직관을 믿고 앞으로 나아가는 사람들은 누구보다 자신을 신뢰하는 사람들이다.

그들은 확신이 있어서가 아니라 자체의 감각을 놓지 않았기 때문에 결국 자신만의 방향을 만들어낸 것이다. 내가 가치 있다고 판단되는 일을 계속하면 된다. 누군가 알아주지 않더라도 괜찮다. 나만이라도 나를 알아주고, 내 인생을 살아야 한다.

매일 글을 쓰고, 이렇게 책을 집필하는 행동들은 내가 보기엔 충분히 가치 있는 일이다. 누군가는 책을 왜 이렇게 자주 출간하느냐며 부정적인 시선으로 바라볼 수도 있다. 그렇게 서둘러 책을 쓰면 제대로 된 책이 나올 수 없다고 말하는 사람도 있다.

하지만 내게 있어 그런 말들은 전부 '개념'이다. 나는 직관을 따르는 사람이다. 책을 집필하면서도 항상 다음 책을 준비한다. 그래서 가능한 일이다. 겉으로 보기엔 금방 쓰는 것 같지만 실제로는 이 책을 쓰는 동시에 다음 책의 기획까지 함께 하는 것이다.

글을 쓰는 삶을 살기로 나 자신과 약속했고, 그 약속을 행동으로 지킬 뿐이다. 남이 어떻게 생각하든 그건 중요하지 않다. 개념 속에 살면 나 자신을 잃어버리게 된다. 하루를 살더라도, 나는 내가 원하는 삶을 살고 싶다.

당신의 삶에 말할 권리를 가진 사람은, 이 세상에 단 한 명도 존재하지 않는다. 누군가의 말 한마디가 내 인생을 흔들 수도 없다.

자신을 믿자.

직관을 믿자.

남들이 만들어놓은 길이 아닌 직관을 따라 나의 길을 새로 만들어보자.

그 끝에 무엇이 있을지 지금은 모른다. 하지만 한 가지는 분명하다. 그 길의 끝에는 내가 진심으로 원하는 무언가가 있을 것이다. 남의 길이 아닌 나의 길이기 때문이다.

맥아더 장군과 이순신 장군을 기억하자. 자신의 신념을 굽히지 않은 사람들, 직관의 힘을 끝까지 믿고 밀어붙였던 사람들. 그리고 우리도, 직관의 힘을 믿는 사람이 되자.

책을 읽었다면 반드시 실천하라

『일독일행 독서법』은 내게 큰 깨달음을 남긴 책이다. 군인으로 근무하면서 책을 읽고 자신만의 길을 만들어낸 유근용 작가님의 책이라는 점에서 더 깊은 인상을 받았다.

유근용 작가님 또한 하루에 한 권씩 책을 읽었다고 한다. 하지만 이 책의 제목이 "하루에 한 권을 읽고 행동하라."라는 의미는 아니다. 정확하게 말하자면, 책을 읽었다면, 거기서 배운 것을 머릿속에만 넣어두지 말고 하나라도 직접 행동으로 옮기라는 이야기다. 이 제목의 진짜 의미에 대해 생각하게 된 건, 지인과 대화를 나누던 와중에서였다.

"저는 하루에 한 권 읽을 수 없어서, 아예 안 읽었습니다. 근데 그 책 제목은 알고 있어요."

"그 책은 하루에 한 권을 읽으라는 의미가 아니에요. 책을 읽었다면, 한 번은 행동하라는 뜻이에요."

그제야 그분도 "아, 그렇군요."라면서 이해하는 것 같았다.

얼핏 보면 '하루에 한 권 읽기'를 독려하는 책처럼 느껴질 수도 있다. 하지만 이 책은 지식보다 실천, 정보보다 행동을 말하는 책이다.

이 책을 읽으면서 놀란 점은, 나와 비슷한 부분이 많았기 때문이다. 나 역시 군대에서 책을 읽기 시작했고, 지금은 작가가 되었다. 처음에 책 읽는 습관을 만들기 위해 애썼던 행동들, 활자가 익숙하지 않아 눈에 잘 들어오지 않았던 경험들, 한 권의 책을 처음으로 완독했을 때의 그 희열까지 모두가 나와 너무 비슷했다. 『일독일행 독서법』에는 이런 문장이 나온다.

"나의 과거와 비교도 할 수 없을 정도로 고통스럽고 힘든 상황을 극복한 이야기들을 통해 '나도 할 수 있다, 변할 수 있다.'라는 자신감이 생겼다."

세상에서 제일 힘들고, 괴롭고, 고통스러운 사람은 나라고 생각했다. 인간은 원래 자신이 하는 일이 가장 힘들다고 느껴지기 때문이다. 그리고 대부분은 자신의 진짜 고통을 남에게 드러내는 것을 싫어한다.

그래서 대부분의 사람들은 잘 살고 있는 것처럼 보이지만, 실제로는 각자만의 문제를 안고 살아간다. 책을 읽지 않았다면, 나도 똑같이 생각했을 것이다. 하지만 책을 통해 간접경험을 하면서 생각이 달라졌다. 나보다 훨씬 힘든 상황에서도 어떻게든 도전하고, 자신을 바꿔서 삶을 바꿔낸 사람들의 이야기를 보면서, 내가 겪고 있던 문제는 해결 불가능한 것이 아니었다는 걸 깨닫게 되었다.

책을 많이 읽는다고는 했지만, 생각처럼 행동으로 옮긴 건 많지 않았다. '좋은 글귀'에서 멈추는 경우가 많았고 감동하고 지나치기만 했던 적도 많았다.

하지만 내가 좋아하는 자기계발서를 읽으면서 수많은 동기부여를 하는 문장을 접했고, 조금씩 변하기 시작했다. 그리고 어느 순간부터는 그 문장들이 나를 '행동하는 사람'으로 바꿔주고 있었다.

책을 읽고, 그 안에서 단 하나의 문장을 골라 행동으로 옮기기 시작하자 많은 것들이 바뀌기 시작했다. 새로운 결과를 원한다면 행동을 해야 한다. 책에서 좋은 문장과 이야기를 접하더라도 실제 행동으로 옮기지 않으면, 어떠한 변화도 일어나지 않는다.

책을 읽고, 그 내용을 행동으로 옮긴 덕분에 지금은 많은 기회와 일들을 경험하고 있다. 한 번은 군으로부터 초청을 받아 강연을 한 적이 있었다. 생각보다 거리가 멀어 고된 여정이었지만, 오랜만에 다시 군부대에 간다는 설렘이 오히려 더 크게 다가왔다.

예전 같았으면, 나는 그냥 군인으로서 군부대에 갔을 것이다. 하지만 이번에는 달랐다. 작가로서 부대를 찾은 것이다. 책을 읽고, 쓰고, 행동하는 삶에 대해 누군가에게 전할 이야기를 가진 사람으로서 말이다.

부대에 들어가니 대대장님과 주임원사님이 반갑게 맞이해 주셨다. 그때 문득 이런 생각이 들었다. '내가 만약 군인으로 왔다면, 이렇게 특별하게 자리에 초대받아 같이 차를 마실 수 있었을까?' 아니었을 것이다.

작가로 왔기 때문에, 강사로 왔기 때문에, 더 반갑게 맞아주시고, 따뜻한 자리를 마련해 주신 게 아닐까 생각했다. 책을 읽고, 책을 집필하는 작가가 되지 않았다면 평생

이런 일은 없었을 것이다. 그렇게 군인들이 모인 도서관으로 가서 강연을 시작했다.

예전 기억들이 새록새록 떠올랐다. 부대 관계자분께서 내게 이런 말을 해 주셨다.

"이렇게 군인 출신 작가님을 모신 건 처음입니다. 군인 출신이라 그런지 대화가 더 잘 통하는 것 같고, 너무 좋습니다. 아마 용사들도 많이 좋아할 겁니다."

그랬다. 군인 신분으로 책을 읽으며 변화했고, 그 변화를 행동으로 옮겼기에 나는 '군'이라는 조직에서 '특별한 작가'로 받아들여지게 된 것이다. 군 생활을 10년 이상 한 사람이, 모든 것을 내려놓고 작가의 길로 들어선 사례가 과연 얼마나 있을까?

스스로 생각해 봐도 그렇게 많지는 않을 것 같았다. 1시간이 넘는 강연이 끝나고, "질문 있으신 분?"이라고 묻자 강연에 참석한 대부분의 군 장병들이 손을 들었다. 나중에 알게 된 사실이지만, 이렇게 많은 질문이 나온 건 처음 있는 일이었다고 부대 관계자분이 알려주셨다. 아마도 내가 군인이었다는 점, 직접 행동해서 이룬 결과들이 더 현실적이고 궁금했던 게 아닐까 생각한다.

그중 한 군인은 나에게 이렇게 질문했다.

"작가님, 저는 책을 읽어도 머릿속에 남는 게 없습니다. 그럴 땐 어떻게 해야 합니까? 특별한 방법이 있으십니까? 작가님의 비법을 좀 알려주십시오."

그 질문에 나는 이렇게 대답했다.

"저도 마찬가지입니다. 그래서 관점을 바꿨습니다. '어차피 책 한 권을 읽어도 다 기억하지 못할 거라면, 딱 한 문장만 기억하자. 그리고 그 문장대로 실천하고 실행해서 몸에 체득시키자.' 그렇게 하면, 나중엔 그 책의 표지만 봐도 그 문장이 자연스럽게 떠오를 겁니다."

"다 외우실 필요도 없고, 기억할 필요도 없습니다. 특히 완독에 너무 신경 쓰지 마십시오. 세상에는 수백, 수천 권의 책이 있는데 억지로 읽지 말고, 내가 읽었을 때 재미있으면 그때 끝까지 읽으십시오. 읽다가 나랑 맞지 않는다거나, 별로라는 생각이 들면 그 자리에서 그냥 덮어버리십시오. 어차피 죽을 때까지 읽어도 세상의 모든 책을 다 읽을 수는 없습니다."

그렇게 말하니, 내 이야기를 들은 많은 군인이 탄성을

내뱉으며 고개를 끄덕였다. 아마 그들도 같은 부담을 느끼고 있었던 게 아닐까 생각했다. 책 한 권을 전부 외울 수는 없다. 그건 누구도 할 수 없는 일이다.

딱 한 문장, 내 삶을 바꿔줄 단 하나의 문장을 찾았다면 그 문장을 반드시 행동으로 옮겨야 한다. 그렇게 한 문장씩 내 삶에 적용하다 보면, 어느새 변화된 나를 만나게 될 것이다. 나는 항상 다른 사람들에게도 강조한다. "책을 읽었는데 남는 게 없다."라는 느낌이 든다면 그건 책에 나온 내용을 행동으로 옮기지 않았기 때문이라고.

물론 내 방식이 무조건 옳다고 말할 수는 없다. 내가 믿는 건 이것이다. 책을 읽는 이유는 삶을 더 행복하게 좋은 방향으로 바꾸기 위해서라는 것. 내적인 깨달음도 중요하지만, 진짜 책의 가치는 외적인 변화로 이어질 때 드러난다.

『일독일행 독서법』에서도 강조하는 것이 있다.

"어떤 책이든, 자신에게 꼭 필요한 부분을 찾아 읽고 그것을 흡수해 자기화시키는 게 가장 중요하다."

나는 이런 문장을 보며 다시 한 번 확신하게 되었다. 수

많은 저자는 왜 같은 말을 반복해서 하는 걸까?

자기계발서를 좋아하지 않는 사람들도 있다. 그 이유 중 하나는 대부분 비슷한 말을 한다는 것이다. 예를 들어 "시간 관리를 잘해라." "행동으로 옮겨야 한다." "세상을 바꾸려면 내가 먼저 변해야 한다."

같은 의미지만 문장의 구조나 표현만 조금 다를 뿐 결국 같은 말이 반복된다고 느끼는 것이다. 그래서 어떤 사람들은 "비슷한 말만 반복되니, 자기계발서는 별 의미가 없다."라고 말하기도 한다.

하지만 나는 반대로 생각했다. 얼마나 중요하면, 수많은 책의 저자들이 같은 메시지를 그렇게 반복해서 강조할까? 내가 발견한 한 가지 공통점은 이거였다. 자기계발서를 쓰는 사람들 대부분은 책 속 문장을 진짜로 체득하고, 자신의 삶에 직접 대입해 실제로 많은 변화를 이룬 사람들이라는 것이다.

한 번이라도 생각해 본 적이 있는가? 왜 그렇게 계속 같은 말을 반복하는지, 그 말을 실제로 행동으로 옮기는 사람이 과연 얼마나 되는지를.

변화하는 사람이 몇 명이나 될까? 아마 거의 없을 것이다. 대부분의 사람들은 자신의 변화에 대해 무감하다. 바꾸겠다는 생각조차 없다. 그냥 살아갈 뿐이다. 그래서 수백 번, 수천 번 반복해서 말하는 것이다. 우리는 유한한 시간을 살아가는 존재고, 그래서 밀도있게 살아야 한다. 의미 있는 삶에 대해 생각해야 한다.

한 권의 책에는 그 사람의 인생이 고스란히 담겨 있다. 그런 사람들이 왜 반복해서 강조하는가? 책을 읽고 행동하는 것이 얼마나 중요한지 다시 한 번 생각해 보길 바란다.

자신의 우물을 채워라

『일독일행 독서법』을 읽고 나는 저자를 한번 만나보고 싶다는 생각을 품게 되었다. 하지만 그 당시 나는 수많은 군인들 중 하나였고, 그런 바람은 터무니없는 생각에 불과했다. 자기 일에서 성공을 거둔 사람을 내가 만나고 싶다고 해서 그 만남이 이루어질 수 있을까?

나는 유근용 작가님의 팬이 되어 있었고, 두 번째 책인 『나의 하루는 세 번 시작된다』도 정말 감명 깊게 읽었다. 그렇게 『일독일행 독서법』은 단순한 책을 넘어, 내 머릿속에 강하게 각인된 잊을 수 없는 한 권으로 남게 되었다.

『일독일행 독서법』에서 작가는 이렇게 말한다.

"가볍게 차를 마시며 이야기하지만, 내용은 결코 가볍지 않다."

문장 자체는 평이하지만 깊은 함의가 들어 있는 말이다. 나도 두 권의 책을 집필한 이후, 많은 사람과 인연이 생기기 시작했다. 나의 세계도 조금씩 확장되며, 만나는 사람들이 달라지고, 지식도 달라지기 시작했다. 사업을 하시는 기업 대표님, 유명한 책을 집필하신 작가님들. 이전에는 상상조차 하지 못했던 사람들과의 연결이 조금씩, 자연스럽게 이어지고 있었다.

조언을 구하고자 한다면, 그 길을 직접 걷고 있는 사람이나 이미 걸어본 사람에게 구하는 것이 바르다고 생각한다. 실제로 내 전역을 반대했던 사람들은 단 한 번도 그 길을 걸어본 적이 없는 사람들이 대부분이었다.

그래서 나는 결심했다. 이미 성공을 거둔 사람, 작가로서 자신만의 일을 하며 살아가는 사람들의 이야기를 들어보자고. 그들의 말에는 경험에서 나온 무게, 수많은 시행착오 속에서 건져낸 진짜 통찰이 담겨 있었다. 직접 대면해 이야기를 나누다 보면 내가 취해야 할 것과 버려야 할 것이 무엇인지 자연스럽게 깨달을 수 있었다.

특히, 감명 깊게 읽은 책의 저자를 만나는 날은 더욱 특별하다. 앞서 말했듯, 나는 유근용 작가님을 꼭 한번 뵙고 싶었다. 당시에는 어떤 연결고리도 찾을 수 없었다. 그러다가 두 번째 책을 출간하고 사무실을 알아보던 때 평소 친하게 지내던 분이 유근용 작가님과 연락을 주고받는 사이라는 사실을 알게 되었고, 작가님과 연락을 할 수 있었다.

처음 통화를 했을 때는 너무 긴장되고 설렜다. 내가 그렇게 좋아했던 저자님과 직접 통화할 수 있다는 사실, 가끔이라도 연락을 주고받을 수 있다는 것. 그게 얼마나 큰 행복인지 깨달았다.

처음 만날 수 있었던 건 군대에서의 강연을 마친 바로 다음 날이었다. 연천에서 서울까지의 거리는 멀었지만, 유근용 작가님을 만난다는 생각에 피로감은 전혀 느껴지지 않았다.

소개를 해 준 지인과 함께 작가님을 만나러 갔다. 처음 길거리에서 마주친 순간, 단번에 알아볼 수 있었다. 반가운 마음에 곧장 악수를 청했고, 서로 소개를 나눈 뒤 기분 좋은 분위기 속에서 함께 저녁 식사를 하러 이동했다.

"실제로 뵙게 돼서 정말 영광입니다. 『일독일행 독서법』, 『나의 하루는 세 번 시작된다』까지 다 읽었습니다. 책을 너무 감명 깊게 읽어서, 꼭 한 번 뵙고 싶었습니다."

그렇게 말씀드리니, 유근용 작가님도 환하게 웃으시며

답해 주셨다.

"그렇게까지 읽어주시다니, 저 역시 영광입니다. 만나 뵙게 되어 정말 반갑습니다."

유근용 작가님은 어느덧 자기 일을 하는 사람, 그리고 이제는 대표님이 되어 계셨다. 수많은 책을 읽으면서 경제 관련 강연을 하시고, 대형 네이버 카페를 운영하시면서 서울에 건물을 마련해 직접 강연도 진행하신다고 들었다.

그 모습이 너무 존경스러웠다. 진심으로 멋지다고 느꼈다.

'멈추지 않고 계속 달리고 계시는구나. 나도 더 열심히 해야겠다.'

서로 이야기를 계속 나누다 보니 닮은 점이 많다는 걸 느낄 수 있었다. 무엇보다도, 앞으로의 사업이나 미래 지향적인 이야기를 자연스럽게 나눌 수 있었다는 게 너무 좋았다. 평소 동료들이나 친구들과는 하지 않는 이야기들이었다. 어차피 해도 공감 받지 못할 이야기라는 걸 알기에, 굳이 먼저 꺼낼 생각조차 하지 않았던 이야기들.

그런데 유근용 작가님과의 대화는 달랐다. 작가님은 요즘 경제 관련 책을 집중적으로 집필 중이라고 하셨고, 무려 올해만 3권의 책이 출간될 예정이라고 하셨다. 그 말을 듣는 순간, 나는 깜짝 놀라 반문했다.

"3권이요?"

작가님은 웃으며 고개를 끄덕이셨다.

"네."

한 해에 3권의 책을 출간한다는 말은 내게는 불가능한 도전처럼 느껴졌다. 하지만 곰곰이 생각해 보니 나 역시 올해 무협소설을 준비하고 있다는 사실을 깨달았다.

"대단하십니다. 저도 사실 이번에 무협소설을 출간할 계획입니다."

"무협소설을요?"

"예."

유근용 대표님도 꽤 놀라신 눈치였다. 자기계발서 작가라고 들었던 사람이 무협 웹소설까지 쓰고 있다는 사실이 상당히 의외이자 신기하다고 하셨다.

요즘 유튜브도 새롭게 시작했기에, 이미 13만 구독자를 보유한 유근용 작가님께 이런저런 고민을 이야기하며 조언을 들을 수 있었다. 그 과정에서, 어느 한 부분에서는 나와 생각이 비슷하다는 점도 느낄 수 있었다. 그 공감이 참 기분 좋았다.

그렇게 식사를 마치고 헤어지는 자리에서 함께 사진을 찍고, 다음 만남을 약속했다.

사람들은 말한다. 좋은 사람과의 좋은 자리는, 끝났을 때 좋아야 한다고. 그날이 딱 그런 날이었다. 만났을 때도 좋았지만, 자리가 끝났을 때 더 좋았다. 많은 걸 배우고, 마음 한쪽이 따뜻해진 날이었다.

『일독일행 독서법』에는 이런 말이 있다.

"독서를 하지 않으면, 자신의 우물에 갇혀 살 수밖에 없다. 그러나 독서를 하면 수많은 우물을 퍼다 자신의 우물을 채울 수 있다."

유근용 작가님을 만났던 그 날은, 내 안의 우물을 깊이 채운 날이었다.

독서만으로도 우물을 채울 수 있다. 하지만 내가 존경하고 깊이 감명 받았던 책의 저자와 직접 대화를 나누는 경험은, 활자를 넘어선 울림이었다. 단순한 지식의 축적이 아니라 지혜와 통찰이 스며드는 순간이었다.

책과 거리를 두고 살아가다 보면, '자신이 보고 있는 세상'이 전부라고 착각하기 쉽다. 자기 주변의 좁은 우물 안에서만 보고, 선택하고, 판단하게 된다. 책을 읽는 건 바로 자신의 우물을 점점 넓혀가는 일이고 그 우물에서 벗어나 넓은 세상과 가까워지고 만드는 일이다.

어떤 준비를 해야 하는지, 내 꿈과 목표를 이루기 위해 무엇을 먼저 시작해야 하는지 판단할 힘도 생긴다. 다른 사람의 지식과 지혜를 내 것으로 빠르게 만드는 방법, 그것이 바로 독서였다.

주변을 둘러보면 자기만의 우물에 갇혀 지내는 느낌을 주는 사람들이 많다. 절대 밖으로 나가려 하지 않는다. 두렵기 때문이다. 미래가 두렵고, 어떤 직업을 가져야 할지, 무슨 일을 해야 할지 자신도 정확히 모른다. 그런 사람들에게 나는 항상 이렇게 말한다.

"관련된 책을 읽어보세요."

책을 읽으면 알 수 있다. 내가 정말 좋아하는 것이 무엇인지 부족한 것이 무엇인지, 어떤 준비를 해야 실패할 확률을 줄일 수 있는지. 아무도 그것을 가르쳐 주지 않는다면, 스스로 공부해야 한다.

책을 읽은 사람은 준비 과정부터 차이를 보이기 시작한

다. 삶은 '나만의 우물을 얼마나 깊게 파고 정성스럽게 채웠느냐'로 결정된다. 그 우물의 물은 지식일 수도 있고, 경험일 수도 있으며, 마음의 힘일 수도 있다.

그때 내가 가진 물이 충분하다면, 그 한 걸음이 두렵지 않다. 그러니 지금은 묵묵히 나의 우물에 물을 채우는 시간이다. 보이지 않는 그 깊이 속에서 삶이 자라고 있으니, 언젠가 우물 밖으로 나가는 그날을 위해 오늘도 나만의 우물을 채워나가자.

2장

생각이 바뀌면 인생이 바뀐다

내 인생을 송두리째 바꿔준 책

인생을 바꿔준 책, 단 한 권이라도 있는가? '인생의 책'을 한 권만 뽑으라고 하면, 주저 없이 말할 수 있는가?

나는 확실하게 말할 수 있는 책이 있다. 나의 인생을 완전히 바꿔준 책, 그 안의 단 한 문장! 지금도 생생하다. 2년이 지났지만 그때의 주변 환경, 그 책을 읽던 장소, 내가 어떤 자세로 앉아 있었는지까지 모두 또렷하게 기억난다.

그 책은 바로, 보도 섀퍼의 『이기는 습관』이다.

이 책에서 찾은 단 한 문장이 나를 완전히 다른 사람으로 만들어 주었다. 지금도 종종 입에 올리는 문장, 강연을 할 때마다 반드시 인용하는 문장이 있다.

"먹고 사는 데 급급한 사람은, 먹고 살만한 삶을 산다. 성공하는

> 삶을 위해 노력하는 사람은, 성공하는 삶을 산다. 그것뿐이다."

이 문장을 본 나는 그대로 얼어붙었다. 아니, 숨을 쉬는 것 이외에는 아무것도 할 수 없었고, 온몸에 전율이 흘렀다. 좋은 책이란, 자기 스스로에게 질문을 던지도록 만드는 책이다. 『이기는 습관』이 내게 바로 그런 책이었다.

내가 이 책을 만났던 건 지극히 평범한 어느 날이었다. "오늘은 어떤 책을 읽어볼까?" 북카페 한쪽에 꽂혀 있는 수많은 책들을 보면서 어떤 책을 골라 읽을지 고민하던 내 눈에 유독 존재감을 드러낸 한 권의 책이 있었다. 보도 섀퍼가 쓴 『이기는 습관』이었다. 그리고 이후 나는 보도 섀퍼가 쓴 책들을 전부 읽어나가기 시작했고, 자연스럽게 팬이 되었다. 그가 한국에 있었다면 아마도 나는 주저 없이 만나러 갔을지도 모른다.

> "먹고 사는 데 급급한 사람은 먹고 살만한 삶을 산다."

단순한 문장 하나가 깊은 울림으로 내게 다가왔다. 다른 사람들에겐 그저 그런 문장의 하나에 불과할 수도 있을지 모르지만 내게는 아니었다. 강렬하게 내 마음에 틀어박힌 문장이었다.

그 문장은, 내가 그동안 막연히 느껴오던 불안의 정체를 명확하게 짚어주는 질문이었다. 내가 결정을 내리지 못했던 이유 중 하나로, 항상 마음속에 맴돌던 바로 그 질문!
"어떻게 먹고살 것인가?"

그 질문에서 벗어나지 못했기에, 내가 선택할 수 있는 길은 지나치게 좁아질 수밖에 없었다.

"그렇구나. 나 역시 먹고사는 데 급급한 사람이었구나. 그래서 결정하지 못하고 있었구나."

그 순간, 나 자신을 향한 질문이 쏟아지기 시작했다.

"내가 정말 원하는 삶은 무엇일까?"

"나는 어떤 삶을 살고 싶은 걸까?"

아니, 도대체 무엇이 그렇게 두려워서 나는 아직도 결정을 내리지 못하고 제자리에 서 있는 걸까? 먹고 살기만 하면, 그걸 잘 살았다고 말할 수 있을까?

나는 끊임없이 자신을 향해 질문을 던졌고, 그 질문들에 하나씩 답을 찾기 시작했다. 반대로 생각해봤다. 만약 지금 군인이라는 직업을 포기하면 나는 정말 먹고살 수 없는 사람일까? 내가 가진 능력은 그 정도밖에 되지 않는 걸까?

어떻게 해야 할까? 이대로라면 정말로 책에서 말하는 '먹고 살만한 삶'만을 살게 될 것 같은 강한 느낌이 나를 덮쳐왔다. 나는 바로 노트를 펼쳤다. 그리고 내가 가진 문제들, 앞으로 해결해야 할 과제들을 하나씩 적어나가기 시작했다.

해결해야 할 문제들을 하나씩 적다보니, 해결 방안들이 하나둘 떠오르기 시작했다. 그리고 그 순간, 나는 느꼈다. 드디어 "성공하는 삶을 위해 노력하는 사람은, 성공하는 삶을 산다."라는 바로 그 문장 속으로 한 발 내디뎠다는 것을.

그 문장을 만나지 못했다면, 나는 전역 지원서를 쓰지 않았을 것이다. 그땐 아직 삶의 기반이 제대로 마련되지 않은 상태였다. 하지만 나는 그 문장을 읽은 그날 바로 전역 지원서를 작성해 제출했다.

> "인생을 바꾼 사람들의 이야기 속에는 어김없이 '변화에 성공하게 된 결정적 계기'가 담겨 있다."

내가 이와 같은 결정을 내리게 된 계기는 바로 이 책, 『이기는 습관』을 읽은 것이었다. 그리고 실제로 행동으로 옮겼다는 사실이다. 책을 통해 내가 막연히 느끼고 있던 불안감의 근원을 찾아낼 수 있었고, 스스로 답을 내릴 수 있었다.

책을 읽지 않았다면, 나는 여전히 불안에 휩싸인 채 먹고 살만한 삶에만 매달려 살아가고 있었을지도 모른다. 하지만 성공한 사람들의 이야기, 그들의 도전과 결단을 읽다 보면 실제로 행동할 수 있는 용기가 생긴다.

전역을 결심한 후, 집으로 내려가 책에 나온 문장을 그대로 부모님께 말씀드렸다. 돌아온 건 강한 반대와 그 문장에 대한 정면 반박이었다.

"그렇게 이야기할 수 있는 사람은 이미 먹고 살만한 게 다 갖춰졌기 때문이야. 그런 문장 하나를 읽고 이런 인생이 걸린 결정을 내리는 건 어리석은 일이야."

부모님이 내게 했던 말이었다. 맞는 말이기도 했다. '어른들의 말 들어서 나쁠 게 없다'는 말이 틀린 건 아니다. 하지만 변화하는 세상 속에서 그 말이 언제나 정답이 된다고 볼 수도 없는 일이 아닌가.

지금 선택하고, 결정하지 않으면 결국 부모님의 말씀에 동의한 채 다시 원래의 삶으로 돌아갈 수밖에 없으리라 생각했다. 그렇게 되면 나는 분명 불행한 삶을 이어가게 될 거라고 확신했다. 부모님의 극심한 반대 속에서도, 나는 뜻을 굽히지 않았다.

'그렇다면 내가 직접 보여드려야 한다. 성공하기 위해 노력하는 사람은 정말 성공한 삶을 살아간다는 걸. 그리고 그걸 이루면, 먹고 사는 문제는 자연스럽게 따라오게 되어 있다는 걸.'

그렇게 시간이 흘렀고, 지금의 내가 되었다. 부모님의 반응은 어떻게 바뀌었을까? 이제는 나를 정말 자랑스러워하신다. 책을 쓰고, 유명 유튜브 채널에 출연하고, 강연을 나가는 등 나 자신만의 일을 하며 살아가는 내 모습을 보고는 이제 동네방네 자랑하고 다니신다. 물론, 아직도 가끔은 "앞으로는 어떻게 먹고살 건데?" 하고 물으시긴 하지만 이제는 그 질문 속에도 어느 정도의 믿음과 수긍이 함께 담겨 있다.

내가 하려는 일은 그냥 아무렇게나 시작한 것이 아니다. 수많은 고민과 숙고 끝에 내린 결정이었다. "작가가 되겠다."라는 말도, 절대 가볍게 꺼낸 게 아니었다. 계속해서 책을 내고, 많은 결과들을 만들어내다 보니 자연스럽게 신뢰가 쌓이기 시작한 것이다.

나는 지금, 확신할 수 있다. 인생을 더 나은 삶으로 바꿔줄 책은 분명히 존재한다. 내가 '인생 책'이라고 자신 있게 말할 수 있는 책. 그 표지만 봐도, 그 안의 문장과 메시지가 자동으로 떠오르는 그런 책.

그런 책을 꼭 찾아라. 그리고 그 문장을 자신의 삶에 직접 적용하고, 실행으로 옮겨라. 그러면 어느 순간, 문장에 적혀 있던 그 말처럼 '먹고 살만한 삶'이 아니라 진짜 '성공한 삶'을 사는 자신을 발견하게 될지도 모른다.

압도적으로 실행하라

많은 사람이 '어떻게 해야 할지'에 대해서는 이미 알고 있다. 문제는 모르는 게 아니라 '하지 않는 것'에 있다. 책을 읽고 감동한 다음, "정말 좋은 내용이었어."라고 말하는 사람은 많지만 그 내용을 실제로 실천하는 사람은 거의 없다. 대부분은 좋은 문장에 밑줄 긋고, 책장을 덮은 뒤 다시 원래의 삶으로 돌아간다.

하지만 진짜 인생을 바꾸는 사람들은 실행력을 가진 사람들이다. 단순히 '읽는 데 그치는 사람'이 아니라 읽은 걸 바로 실천으로 옮기는 사람, 머릿속에 떠오른 생각을 망설임 없이 행동으로 옮기는 사람이다.

준비가 끝났기 때문에 움직이는 것이 아니다. 움직이면서 준비하고, 실행하면서 배우는 사람들이다. 그래서 나는 말한다. 남들이 도전조차 하지 못할 만큼, 압도적으로 실행해야 한다고. 내가 움직이는 속도와 열정이 주변 사람들에게 '포기하고 싶어질 정도의 간격'을 만들어야 결과가 바뀌기 시작한다.

"아니, 왜 그렇게까지 해?"라는 말을 들어야 한다. "미친 것 같다." "정말 미쳐서 하는 것 같다"는 말을 들어본 적 있는가? 무엇인가를 이루기 위해 미친 듯이 실행해본 적이 있는가? 남들은 절대 하지 못할 수준으로 감당하기 어려울 만큼의 실천. 성공하려면 엄청난 실행과 수많은 실패가 필요하다.

대부분의 사람들은 '한 번에 성공하기 위해' 계획을 더 오래 세운다. 그리고 결국, 도전하지 않는다. 왜냐하면, 실패가 두렵기 때문이다. 그래서 아예 시작조차 하지 않으려 한다. 하지만 업적을 남긴 사람들은 예외 없이 그 누구보다 실패를 많이 겪은 사람들이다.

행동하지 않으면, 아무것도 변하지 않는다. 이건 내가 수백 권의 책을 읽고, 직접 깨달은 진리이기도 하다. 시간이 오래 걸릴 수도 있다. 하지만 아무것도 하지 않는 것보다는 실패하더라도 시작하는 것이 훨씬 중요하다는 걸 뼈

저리게 느꼈다. 머릿속에 떠오른 그 생각을 즉시 실행에 옮기지 않으면, 시간이 지날수록 실행할 가능성은 계속해서 낮아지기 때문이다.

북 콘서트를 진행하면서 한 분이 질문을 주셨다.
"작가님은 하루에 글을 얼마나 쓰시나요? 성장하는 비법이 있습니까?"
지금은 모든 댓글에 답글을 달지는 못하지만, 내가 해온 그대로 정직하게 말씀드렸다. 나는 매일 5개 이상의 포스팅을 하고, 내 글에 달린 모든 댓글에 답글을 달았다. 그리고 댓글을 달아주신 이웃분들께 찾아가 그분의 글에도 댓글을 남긴다.
그걸 하루도 빠짐없이, 정말 매일같이 실천했을 뿐이다.
"하루에 글을 몇 시간 쓰냐고요? 저는 일어나서 잘 때까지 글을 씁니다."
실제로는 네이버에서 댓글쓰기를 금지당한 날도 있었다. 너무 많은 댓글을 달아서 AI가 나를 봇으로 인식했을 수도 있다. 당시 나는 평균적으로 하루에 200개 이상의 댓글과 답글을 남겼다. 지금 생각해도, 정말 어마어마한 양이다. 나는 모든 것을 걸고 있었다. 모든 시간과 에너지를 쏟아 부었기 때문에 지금처럼 성장할 수 있었다.

하지만 대부분의 사람은 결과만 보려고 한다. 같은 시기에 시작했더라도 내가 더 빠르게 성장할 수 있었던 건 단 하나 그 누구도 따라 하지 못할 압도적인 실행이 있었기 때문이다.

이웃 숫자가 1,200명일 때, 나는 한 가지 도전을 했다. 오늘은 반드시 600명 이상이 내 블로그에 방문하게 만들겠다는 목표였다. 하지만 나는 정보성 키워드나 검색 유입형 블로그가 아니었다. 그래서 600명이 내 블로그에 오게 하려면, 나도 600명에게 먼저 가야 했다.

단순했다. 하루 전체를 블로그에만 쏟아보자. 그렇게 결심한 뒤, 아침부터 밤까지 쉬지 않고 글을 쓰고, 댓글을 달고 또 달았다. 오직 블로그에만 모든 에너지를 몰입했다. 결과는 놀라웠다. 이웃의 절반 이상이 실제로 내 블로그를 방문했다.

그로부터 시간이 흐르고, '빼빼로데이'가 다가왔을 때는 또 하나의 목표를 세웠다. 11월 11일, 이왕이면 1,111명이 내 블로그에 방문하게 만들겠다고 마음먹은 것이다. 그날 목표를 공지로 올리고, 새벽부터 일어나 온종일 댓글을 달고 글을 썼다.

정신없이 하루 종일 몰입을 했고, 결국 정확히 1,111명이 내 블로그에 방문했다. 누가 보면 무슨 비법이 있을 거로 생각하겠지만, 그런 건 존재하지 않았다. 더 많이 글을 쓰고, 더 많은 시간을 투자했을 뿐이다. 그것뿐이다. 이게 내가 찾은, 그리고 실제로 증명한 성공의 비법이었다.

이런 노력 덕분에 지금은 13,000명이 넘는 이웃을 둔 블로거가 되었다. 매일 글을 쓰고, 댓글을 달고, 관계를 맺고, 다시 글을 쓰는 일상을 반복하는 동안 어느새 그렇게 성장해 있었다. 남들은 그 과정을 보지 못한다. 단지 지금의 숫자만 보고 "어떻게 그렇게 됐냐?"고 묻는다. 하지만 나는 안다.

압도적인 실행이 내가 성공하는 방법이다. 그 실행력이 나의 무기가 되었다. 어떤 도전을 하더라도, 불가능해 보이는 목표를 세우고 망설이지 않는다. 나는 항상 먼저 행동부터 옮긴다. 생각하고 준비만 하는 시간보다, 일단 시작하고 부딪히는 시간 속에서 길을 찾는다는 걸 알기 때문이다. 그래서 나는 오늘도 또 새로운 목표를 세우고, 다시 실행을 시작한다.

책을 집필하는 것 역시 같다. 남들이 어떤 책을 써야 할까, 얼마나 써야 할까 고민하는 시간에 나는 일단 집필을 시작한다. 물론 나 역시 아무렇게나 쓰는 것은 아니다. 책을 쓰기 전에는 제목을 먼저 생각하고 전체적인 기획을 한다. 그리고 목차를 구성한 뒤, 바로 쓰기 시작한다.

고민하는 것으로는 그 무엇도 해결되지 않는다. 그런 상태에서는 그저 빈 페이지만 바라보다 하루가 지나간다.

나의 방법은 다르다. 퇴고하는 과정이 있으므로, 나는 언제나 빠르게 초고를 완성하는 것을 우선으로 삼는다. 되든 안 되든, 일단 키보드를 두드리고 본다. 머릿속에서 뭔가 떠오르지 않아도 괜찮다. 일단 손을 움직이기 시작하면, 놀랍게도 내가 읽었던 책의 문장들이 하나씩 떠오르기 시작한다. 명언이든, 글감이든 내가 읽고, 생각하고, 기억했던 것들이 단어와 문장으로 흐르기 시작한다.

결국, 글쓰기도 '실행'이다. 머리로 생각한다고 글이 써지는 게 아니다. 손이 먼저 움직여야, 생각이 따라온다. 쓰다 보면 길이 열린다. 써야만 다음 문장이 보인다. 움직이는 손끝에서, 생각이 시작된다. 망설이지 말고, 일단 한 줄을 써야 한다.

『이기는 습관』에도 이런 문장이 나온다.

"알고 있다는 것, 그것은 아직 잠재력에 불과하다."

성공하는 방법, 성장하는 방법, 더 나은 삶을 사는 방법 등은 이미 수많은 책과 영상 속에서 반복적으로 전해지고 있다. 너무 많이 들어서 익숙해졌기 때문에 무뎌진 것일지도 모른다.

매일 자신에게 시간을 투자하고, 공부하고, 자신만의 결과물을 만들어내고, 나의 가치를 높이고, 그 가치만큼 다른 사람을 도와주며 영향력을 쌓아 나가면 된다. 그렇게 세상에 나의 일을 알리고, 나의 일을 하는 사람이 되면 된다.

문제는 그걸 모르는 것이 아니라 하지 않는다는 데 있다. 성공의 비법은 따로 있지 않다. 이미 알고 있는 것을, 그 누구보다 진지하게, 끝까지 실천하는 것, 단지 그뿐이다.

누구에게도 대체되지 않는 사람이 되면, 시간이 갈수록 나의 가치는 점점 더 올라간다. 세상에는 수많은 성공의 방법이 있고, 그중에서 분명히 나에게 맞는 방법도 있다. 내가 더 잘할 수 있는 방향, 나의 성향과 능력에 맞는 방식이 존재한다. 모든 방법을 알고 있어도 아무것도 하지 않는 사람이 있고, 반대로 자신만의 방식으로 방향을 정하고, 실행해서 결국 성과를 만들어내는 사람도 있다.

성장하는 사람들은 바로 그런 사람들이다. 누군가 알려준 공식을 그대로 따르는 대신 그 안에서 자신만의 방법을 찾아내고, 빠르게 실행하는 사람들이다. 끝까지 해내는 사람들은, 남이 정한 기준이 아니라 자신만의 기준으로 계속 움직이는 사람들이다.

방법이 중요한 게 아니다. 중요한 건 계속하겠다는 의지, 그리고 변화가 올 때까지 멈추지 않겠다는 다짐이다. 무슨 일이든 일단 시작했다면 반드시 끝을 보겠다는 생각이 필요하다. 방법이 완벽하지 않아도, 방향이 조금 틀려도 괜찮다.

실패해도 계속하면 결국에는 결과가 나타난다. 사람은 '하는 방법'을 알 때보다 '왜 해야 하는지' 그 이유를 정확히 이해할 때 스스로 움직이기 시작한다. 결국, 앞으로 나아가게 하는 건 정보나 지식이 아니라 마음속 깊이 자리한 단 하나의 이유다. 그 이유가 명확해질 때, 행동은 멈추지 않는다.

『이기는 습관』에는 이런 문장이 있다.

> "성공한다는 것은 '좀 더 일찍' 행동한다는 뜻이다. 일찍 행동할수록 더 쉽게 자신이 원하는 곳에 안착할 수 있다."

빠르게 움직이고, 빠르게 실패해본 사람이 성공할 확률도 높아진다. 실패를 반복할수록 성공 확률을 쌓아가는 과정이 된다. 누구보다 먼저 시작해야 한다. 같은 정보를 알고 있었다고 해도, 일찍 시작한 사람과 늦게 시작한 사람은 시간이 갈수록 차이가 벌어진다. 그 차이는 어느 순간, 절대 좁혀지지 않는 간격이 된다.

당신은 어떤가? 압도적으로, 누구보다 많이 실패할 각오가 되어 있는가? 머뭇거린다고 달라지는 것은 없다. 지금 당장 실행하자. 가장 빠르게 실패한 사람이, 결국 가장 빨리 성공에 도달한다.

나답게 인생을 뛰어넘어라

자신만의 장점이 무엇인지 아는 사람과 그렇지 않은 사람은 다르다. 잘하는 것을 더 키워야 할까, 아니면 단점을 찾아 없애는 것이 나을까? 여러 가지 의견이 있겠지만 나는 장점을 극대화해야 한다고 생각한다. 많은 스포츠 스타들도 이와 같다.

왼발잡이 축구 선수, 왼손잡이 투수처럼 남들과 다른 지점에 집중하고, 그 차이를 강점으로 바꾸는 것이다. 남들과 얼마나 다른가가 아니라 내가 가진 것을 얼마나 강하게 밀고 나가느냐다. 남들과 조금 다르더라도, 그 작은 차이가 다른 사람들과 구분 짓는 결정적 차별점이 될 수 있다. 장점에 집중할수록, 나만의 영역이 생긴다.

내가 어떤 무기를 가졌는지, 어떤 영역에서 남들보다 더 잘할 수 있는지를 모르는 이유는 관점이 나에게 있지 않고 세상에 맞춰져 있기 때문이다. 타인의 장점만을 바라보기에 자신은 아무것도 없는 것처럼 느낀다.

자신에게 집중하지 않고, 내면을 들여다보지 않기 때문에 나만의 장점을 찾을 수 없다. 타인의 시선을 의식하고, 남들과 비교하며 살아가는 순간 진정한 나로 살 수 없다. 진정한 나를 알고 싶다면 세상으로 향한 시선을 잠시 거두고, 자신에게로 관점을 돌려야 한다. 비교가 아니라 관찰이 필요하다. 관찰의 방향이 바뀌는 순간, 나만의 강점이 서서히 드러나기 시작한다.

『이기는 습관』에 나오는 다음의 문장을 보자.

"매 순간 삶에 큰 어려움이 닥쳐올 때는 당신이 가장 잘하는 것을 생각하라. 당신의 장점과 강점에 집중하라."

한때는 나만의 장점이 있는지, 장점이 있다면 무엇인지 전혀 알지 못한 채 살아가고 있었다. 고등학교 시절부터 많은 공연을 해왔기 때문에 많은 사람들 앞에서 말을 해도 떨지 않는다는 정도는 있었다. 하지만 그게 내 장점인지,

혹은 어디에 활용할 수 있는지도 모른 채 그저 흘러가는 듯이 살아왔다.

무대에 서는 일이 특별하다고 생각해본 적도 없었고, 남들 앞에서 말할 수 있다는 게 나만의 무기라는 인식조차 없었다. 나만의 장점이 있다는 걸 처음 알게 된 건 우연한 계기 덕분이었다. 내가 몰랐던 나의 가능성은, 그렇게 일상 속에서 조용히 고개를 들기 시작했다.

나는 선천적으로 체력이 약했다. 몸이 약해서 군에 입대했을 당시 좋은 평가를 받지 못했다. 신체적으로 약하다는 이유만으로 가능성을 낮게 본 사람들이 많았다. 그렇게 임관한 후, 수색대대로 배치되었으나 이미 임관 평가에서 좋지 않은 점수를 받고 온 상황이라 대부분의 선배들은 나를 인정해 주지 않았다.

초반의 이런 분위기 속에서 나는 조용히 마음을 다잡았다. 이후 초급반 교육을 받으러 갔고, 그곳에서 정말 나를 바꾸겠다는 마음으로 최선을 다해 훈련에 임했다. 결과적으로는 좋은 성적을 받고 돌아왔다. 그럼에도 나에 대한 주변의 평가는 쉽게 바뀌지 않았다. 나 자신은 분명 변했는데, 세상은 여전히 나를 '약한 사람'으로 바라보고 있었다. 그러던 중, 내가 가진 능력이 무엇인지 정확하게 알게 되는 사건이 하나 있었다. 그 사건은 자신을 보는 눈을 바꿔준, 인생의 작은 전환점이었다.

군대에서는 체력적인 부분도 중요하지만, 교관의 임무 역시 중요하다. 나를 진짜 바꿔준 계기는 바로 부사관 교육훈련 평가였다. 누구보다 인정받고 싶었던 나는, 그 평가를 위해 매일 10시간 이상 교범을 보고, 공부하고, 말하는 것을 연습했다. 한 권의 교범을 거의 통째로 외울 만큼 매일같이 반복하고 또 반복했다.

그 과정에서 알게 되었다. 나의 무기는 바로 끈기라는 것, 목표가 생기면 그 목표를 완벽하게 달성할 때까지 물러서지 않는다는 것. 자는 시간, 밥 먹는 시간까지 포기하고 오직 그 하나만을 바라보며 달려가는 집요함이 나의 강점이었다.

체력은 부족했지만 정신력과 집중력, 그리고 포기하지 않는 끈기는 누구에게도 뒤지지 않았다. 내가 가진 무기는 남들과 다른 '노력'이었다. 나는 타고난 사람이 아니라 끝까지 가는 사람이었다.

전역을 한 뒤에도 나의 무기와 장점에 계속 힘을 실었

다. 끝까지 가는 사람, 재능이 부족해도 노력으로 이겨내는 사람. 내가 가진 가장 큰 재능은, 타고난 것이 아니라 '노력' 그 자체였다. 그렇게 오직 끈기 하나로 SNS를 성장시키고, 책을 집필할 수 있었다.

만약 내가 다른 사람의 시선에 흔들려, 남들이 잘하는 영역에 억지로 나를 끼워 맞췄다면 나만의 길을 걷고 있진 못했을 것이다. 남들보다 빠르게 성장할 수 있었던 이유는 단 하나, 나의 장점을 정확하게 알고 있었고, 그 무기에 모든 시간을 투자했기 때문이다. 방향을 제대로 잡고 꾸준히 나아가기만 한다면, 결국 그 장점은 '능력'이 되고, 능력은 '결과'를 만든다. 『이기는 습관』의 한 구절이다.

"당신의 무기를 믿지 못하면 당신은 백전백패한다."

자신만의 무기가 있는가? 그리고 그 무기가 무엇인지, 정말 알고 있는가? 전쟁터에서 끝까지 믿을 수 있는 것은 결국 내가 들고 있는 '나만의 무기'뿐이다. 그 무기가 중요한 상황에서, 결정적인 순간에 이상 없이 작동하게 하려면 매일같이 점검하고 관리해야 한다. 많은 사람이 자신의 무기에는 관심을 두지 않고, 남들이 가진 무기만 부러워하며 살아간다. 그러다 보면 결국 내 무기는 녹슬고, 쓸모없는 것으로 전락한다.

　글을 쓰는 일도 책을 집필하는 것도 마찬가지다. 나는 장문을 유려하게 쓰는 스타일도 아니고, 특별한 문체나 문장력을 가진 것도 아니다. 그건 다른 사람들의 무기다. 나보다 글을 잘 쓰는 사람은 수도 없이 많다.
　나의 무기는 '읽기 편한 글을 쓰는 것'이다. 쉬운 단어로 단순하고 간명한 문장을 통해 누구나 부담 없이 읽을 수 있도록 쓰는 것. 그게 내 방식이고, 내가 지켜야 할 무기다. 그래서 나는 그 무기를 절대 잊지 않기로 했다. 다른 사람이 가진 무기를 부러워하기보다 내가 가진 무기를 날마다 갈고 닦기로 했다. 결국 나를 지켜주는 건, 언제나 나만의 무기니까.
　타인과 비교하는 순간, 나의 장점이 무엇인지 전혀 알지 못하게 된다. 비교라는 건 대부분, 내가 가진 최악의 모습과 타인의 최고의 모습을 비교해서 바라보는 행위다. 그러면 자연스럽게 나의 강점은 흐릿해지고, 타인의 장점만이 선명하게 보인다. 결국 나는 내가 가진 것을 잊고, 남이 가진 것만 부러워하게 된다.

나 역시 그랬다. 내가 가진 장점을 볼 줄 몰랐고, 나보다 더 좋은 직업을 가진 사람들, 대기업에 다니는 친구들을 보면서 부러움에 빠져 있던 나 자신을 어느 순간 발견하게 되었다. 스스로 내가 무엇을 잘하는지 깨닫기까지는 시간이 걸릴 수 있다.

어떤 사람은 오래 걸리고, 어떤 사람은 비교적 빠르게 찾는다. 중요한 건 속도가 아니라 시도다. 나의 장점이 무엇인지 알려면 찾기 위한 노력을 먼저 해야 한다. 노력을 하지 않으면, 평생을 살아도 '내가 진짜 잘하는 것이 무엇인지'조차 모른 채 살아간다.

가장 나답게 인생을 뛰어넘어야 한다. 나다운 삶, 내가 바라는 삶을 살기 위해서는 남들이 정해놓은 길이 아니라 내가 할 수 있는 방법으로, 내가 가진 무기를 들고 살아가야 한다. 주변을 보면 "나는 실천력이 부족하다."라고 말하는 사람들이 많다. 하지만 사실은 실천력이 부족한 것이 아니라 자기 자신에 대한 확신이 부족한 경우가 대부분이다.

무엇인가 하겠다고 결심했다면, 머뭇거리지 말고 나를

믿고 일단 해봐야 한다. 그래야 어떤 부분이 부족한지를 알 수 있고, 그걸 보완해 다시 도전할 수 있다. 완벽해야만 시작할 수 있는 건 아니다. 시작했기 때문에, 점점 더 완벽해지는 것이다. 타인의 시선과 의견을 내 삶에 과도하게 들여올 필요는 없다. 자기 자신에 대해 가장 정확하게 알고 있는 사람은 이 세상 누구도 아닌, 바로 '자기 자신'이다.

다름을 인정하자. 모든 사람은 서로 다른 영역에서, 각자 자신만의 무기를 가지고 살아간다. 다름을 인정하는 순간, 성공 방식도 다를 수밖에 없다는 사실을 받아들인다. 목표와 목적은 비슷할 수 있지만, 그 목표에 도달하는 방법은 사람마다 전부 다르다. 내가 가진 능력과 타인이 가진 능력은 다르다. 중요한 건 이런 단순한 진리를 빨리 깨닫는 것이다.

지금과 같은 정보의 홍수 속에서는 "이렇게 하면 성공한다." "이렇게 해야 성장할 수 있다."라는 말들이 넘쳐난다. 물론 그 방법을 자신의 것으로 소화해서 실제로 성공한 사람들도 있겠지만, 극히 드물다. 왜냐하면 그건 자신만의 무기가 아니기 때문이다.

누군가의 무기를 흉내 내는 삶이 아닌, 나만의 무기를 발견하고 그걸 갈고닦는 삶을 살아야 한다. 결국, 성공은 따라 하는 데서 오는 게 아니라 스스로 만들어낸 방식 안에서 온다.

나의 무기를 버리는 순간, 나라는 고유한 정체성도 함께 무너진다. 세상이라는 적과 맞서 싸워야 하는 이 전장 속에서, 나에게 가장 필요한 건 결국 나만의 무기다. 자신만의 방식으로, 가장 나다운 모습으로 인생을 뛰어넘어야 한다.

내가 가지고 있는 것에 집중하라

나는 한동안 가진 것들에 감사하며 살지 못했다. 항상 부족함만 보였고, 생각만큼 되지 않는 일들 앞에서 불행하다고 믿었다. 특히 군대에서의 시간은 나에게 더욱 그런 인식을 심어주었다.

"이렇게까지 노력했는데도 진급에서 떨어졌다."

"모든 걸 쏟아 부었는데도 실패했다."

나는 그렇게 생각했고, 그 실패들을 '인생 전체의 낙인'처럼 받아들이고 있었다. 그러나 지금은 다르다. 내가 무엇을 가진 사람인지, 어떤 능력을 갖추고 있는지 명확히 알고 있다. 가진 것들이 당연하지 않다는 걸, 감사해야 할 이유라는 걸 알게 되었다.

과거에 나는 결과로만 삶을 판단했고, 지금의 나는 과정과 존재로 삶을 해석하고 있다. 불행하다고 느꼈던 그 시간도 지금의 나를 만들어준 소중한 자산이었다는 걸 이제는 조금씩 이해하게 되었다.

자기 안에 시선을 두지 못하는 사람은 타인의 삶, 타인의 조건, 타인의 성공에 자신도 모르게 비교하게 된다. 내가 불행할수록 타인의 성공에 선망과 함께 불만스러운 감정을 느끼기 쉽기 때문이다.

단순한 비교가 아니라 내가 가진 결핍을 잠시나마 잊게 만드는 도피의 심리다. 나 역시 그랬다. 군 생활을 할 때 한겨울 새벽마다 출근해야 하는 시기가 있었다. 얼어붙은 새벽 공기 속에서, 어두운 하늘 아래 나는 스스로 삶이 서글프다고 느꼈다.

"나는 왜 이 시간에, 이렇게 힘들게 살아야 하지?"

추운 겨울, 새벽이었다. 중요한 훈련이 있어 나는 이른 시각에 출근 준비를 하고 있었다. 그날은 유난히도 추운 새벽이었다. 자동차 유리창에 서리가 하얗게 내려앉았고, 나는 그 서리를 털어내며 삶을 한탄하고 있었다.

"이 새벽에… 나는 지금 도대체 뭐 하고 있는 거지?"

새벽 4시쯤이었다. 졸음을 참으며 하품을 했고, 꽁꽁 언

손에 입김을 불어 넣으면서 불평과 불만이 속에서 스멀스멀 올라오고 있었다. 하늘은 아직 어두웠고, 주변은 정적에 휩싸여 있었다.

"남들은 다 자고 있을 시간인데…. 나만 이렇게 고생하는 것 같아."

그 순간, 나에게만 모든 고통이 집중된 것처럼 느껴졌다. 세상에서 고생하는 사람은 나 하나뿐인 것처럼.

그렇게 투덜거리며 서리로 뒤덮인 차 유리창을 닦고 있었을 때였다. 멀리서, 작은 손전등 불빛이 깜빡이며 다가오고 있었다. 나는 고개를 들어 그 빛을 바라보았다.

"나 말고도 이 새벽에 출근하는 사람이 있다니."

그 불빛은 건물 사이사이를 비추며 조심스럽게 다가오고 있었다. 나는 원룸에 살고 있었기에 그 사람이 무엇을 하고 있는지 어렴풋이 짐작할 수 있었다.

"쓰레기를 치우시는 분인가? 와, 이 추운 새벽에…. 정말 부지런하시네."

손전등은 마침내 내가 주차해 둔 차 근처까지 다가왔다. 그 사람은 조용히 손전등으로 쓰레기통을 하나하나 비추며 천천히 자기 일을 하고 있었다.

불빛이 점점 내 쪽으로 가까워지자, 나는 그 사람의 모습을 볼 수 있었다. 할아버지셨다. 가까이에서 본 할아버지의 모습은 생각보다 더 여위어 있었다. 얇은 점퍼 차림에 낡은 가방을 메고 계셨고, 차가운 겨울바람이 그 몸을 그대로 스쳐 지나가고 있었다.

그 모습을 본 순간, 나도 모르게 이런 생각이 스쳤다.

'설마, 먹을 것을 찾고 계신 건가?'

내 생각이 틀렸을 수도 있다. 정말 단순히 분리수거를 하고 계셨을지도 모른다.

하지만 그 얇은 옷차림과 행색을 본 순간 나는 멈칫했고, 마음속 깊은 곳에서 묵직한 감정이 올라왔다. 부끄러움이었다. 조금 전까지 "왜 나만 고생하지?"라고 불평을 했던 나.

나는 그 순간을 지금도 또렷하게 기억한다. 따뜻한 패딩을 입고 있었고 출퇴근을 위한 차가 있었다. 조금 전까지도 포근한 방 안에서 따뜻한 이불을 덮고 자다가 나온 참이었다. 그런 내 앞에 얇은 잠바 하나 걸친 채, 새벽 쓰레기통을 비추고 계시던 할아버지가 있었다.

그 장면은 내 안의 관점을 완전히 바꾸어 놓았다.

"내가 제일 불행한 줄 알았다."

그건 세상을 바라보는 시야가 너무 좁았다는 증거였다. 나의 고통만 들여다보고 있었다. 다른 사람들의 삶을 보지 못하고 있었다. 그 순간 깨달았다. 내가 가진 것들을 챙겨 보는 대신, 갖지 못한 것들만 쳐다보고 있었음을.

"나는 신발이 없어서 우울했다. 거리에서 발이 없는 남자를 만나기 전까지는."

데일 카네기의 『자기관리론』에 나오는 이 문장 한 줄이 머릿속에 떠올랐다.

세상에는 내가 겪는 것보다 훨씬 더 깊고 무거운 삶을 살아가는 사람들도 존재한다. 그 새벽, 쓰레기통을 비추던 할아버지의 손전등을 보면서 처음으로 내가 가진 것들의 소중함을 뼛속까지 실감했다.

나는 직장이 있었고, 출근할 수 있는 차가 있었으며, 무엇보다 '일을 할 수 있는 몸'을 가지고 있었다. 하지만 그 모든 것을 당연하게 여긴 채 살아오고 있었다. 그날 새벽, 나는 깨달았다. 내가 가진 것 중 진짜 귀한 것들은 언제나 '없어 보기 전까지는' 깨닫지 못하는 법이라는 것을.

그 모습을 보지 못했다면 나는 그날 불만을 품은 채 출근했을지도 모른다. 어쩌면 누군가의 말 한마디에도 예민하게 반응하고, 교통 상황이나 업무에도 온종일 짜증을 냈을 것이다.

나는 그날, "참 인간이란 간사한 존재구나." 하는 생각을 했다. 이미 가진 것들은 당연하게 여겨지고, 갖지 못한 것들만 눈에 들어오는 감사보다 비교, 수용보다 결핍을 먼저 떠올리는 그런 마음. 그날의 나는 감사할 이유가 백 가지나 있었는데도, 단 한 가지 불편함에 모든 시선을 빼앗기고 있었다.

『자기관리론』에 나오는 다음의 문장을 읽어보자.

"우리는 알리바바의 보물보다 훨씬 더 많은 재산을 가지고 있다. 만약 누군가 당신에게 백만 달러를 주겠다고 하며 두 눈을 팔겠느냐고 묻는다면? 두 다리는? 손은? 청력은? 가족은? 이 모든 자산을 더해 보라."

나는 이제 내가 가지고 있는 것들이 얼마나 큰 선물인지를 잊지 않고자 애쓴다. 세상은 계속 내가 갖지 못한 것을 보라고 속삭이지만 나는 이미 가진 것들을 꺼내 세어보려

한다.

지금도 "내가 좋아하는 일을 할 수 있다."라는 사실만으로도 충분히 만족하고 있다. 세상에는 자신이 진짜로 좋아하는 일이 무엇인지 평생 찾지 못하고 살아가는 사람들도 많다. 나는 다행히도 그 일을 찾았고, 지금 좋아하는 일을 하며 살아가고 있다.

그것만으로도 행복하다. 그래서 자신에게 말한다. 나는 이미, 많은 것을 가지고 있다. 가진 것에 감사하지 못하면 우리는 평생, 갖지 못한 것에 불평하며 살아가야 할지도 모른다. 당신 역시 알리바바의 보물보다 더 값진 것들을 이미 가지고 있다. 삶이 불안하고, 미래가 불확실하게 느껴질 때, '지금 내가 가진 것'에서 다시 힘을 얻을 수 있다.

변화는 멀리 있는 것이 아니다. 출발은 언제나 내가 가진 것에서부터 시작된다. 지금 자신에게 물어보자.

나는 무엇을 가지고 있는가?

작은 걱정이 나를 무너뜨린다

군인의 신분으로 마지막 출근을 하는 날이었다. 기대도 있었지만, 걱정이 훨씬 더 컸다. 이제부터는 매달 정해진 월급이 들어오지 않는 삶을 살아야 한다는 것, 익숙했던 모든 것을 내려놓고 한번도 경험하지 못한 길로 가야 한다는 것이었다.

그 사실이 머릿속을 종일 떠나지 않았다. 복잡한 감정이 교차하는 가운데, 나는 조용히 마지막 출근길에 올랐다. 그때는 부모님께도 전역 사실을 아직 말씀드리지 못한 상태였다. 굳이 말하지 않은 이유는 걱정이 많아지실 것 같아서였다. 지금도 통화를 할 때면 똑같은 질문을 하신다.

"밥은 잘 먹고 다니냐?"

"돈은 벌고 있냐?"

"너무 무리하지는 말고…"

그 질문들은 단순한 확인이 아니라 자식 걱정을 멈추지 못하는 부모의 마음이라는 걸 잘 안다. 그래서 오히려 그 마음이 더 무겁게 느껴질 때도 있다.

걱정을 멈추는 유일한 방법은 내가 하는 일에 온전히 집중하는 것이었다. 몰입을 하게 되니 잡생각들이 파고들 틈이 없었다. 집중은 곧 평온이었다. 그래서 나는 매일 지금 할 수 있는 일에 최선을 다해 몰입하고자 했다.

하지만 문제는 일이 모두 끝난 후 잠들기 직전의 순간에 찾아왔다.

조용한 밤이 되면, 불확실한 미래, 불안한 경제 상황, 보이지 않는 리스크들이 머릿속을 온통 뒤집어 놓았다. 그럴 때마다 마음은 출렁이고, 생각은 산만해지고, 몸은 피곤한데도 잠이 오지 않았다.

걱정은 눈에 보이지 않는다. 하지만 그 존재는 실체가 있는 것처럼 마음과 몸을 뒤흔들어 놓는다. 걱정을 하면 할수록 그 크기는 점점 더 커지고, 마침내는 온 하루를 지배하게 된다.

원하는 결과가 나오지 않을 때마다 자신을 의심했고, 사업이 내 뜻대로 풀리지 않으면 어쩌지 하며 머릿속이 온통 걱정으로 채워질 때도 있었다. 무엇보다 불안정한 경제적 상황은 나를 끊임없이 압박했다. 그럴 때면 단기적인 유혹이 자꾸 마음을 흔들었다.

"지금이라도 방향을 바꿔야 하는 건 아닐까?"

"조금 더 수익을 빨리 올릴 수 있는 걸 해보는 게 좋지 않을까?"

그럴수록 더 단단히 붙잡아야 할 것이 있다고 믿었다. 바로 '내가 지키기로 한 가치관'이었다. 급하게 가지 않기로, 지금 당장 돈을 벌기 위해 원치 않는 선택을 하지 않을 것임을 다짐했다. 그 다짐이 있었기에 나는 버틸 수 있었다. 조급함에 휘둘리지 않고, 내 길을 조금씩이라도 걸어갈 수 있었다.

지금 이 책을 읽고 있는 당신 역시 크게 다르지 않을 것이다. 지금 이 자리에 존재한다는 사실은, 과거의 수많은 고통과 시련, 그 모든 아픔을 견디고 버텨왔다는 무언의 증거이기도 하다.

큰 고통은 한 사람을 단단하게 만들고, 그 단단함은 어두운 길을 밝혀주는 힘이 된다. 하지만 여기서 정말 조심해야 할 것이 있다. 바로 '작은 걱정'이다. 작은 걱정이 얼마나 큰 위험이 되는지 책을 읽으며 깨달을 수 있었다. 데일 카네기의 『자기 관리론』에 나오는 이야기다.

옛날, 한 자리에 수백 년간 뿌리내리고 있던 거대한 나무가 있었다. 식물학자들은 그 나무의 수령을 약 400년으로 추정했다. 400년 동안 그 나무는 수십 번의 벼락을 맞았고, 수많은 눈사태와 폭풍우를 견뎠다. 모든 자연재해 앞에서도 그 나무는 꿋꿋하게 살아남았다.

그런 나무가 갑자기 쓰러졌다. 놀랍게도 그 나무가 끝내 쓰러진 이유는 벼락도, 폭풍도 아니었다. 작고 연약한 딱정벌레 때문이었다. 처음에는 눈에도 띄지 않을 만큼 작은 벌레였다. 하지만 그 딱정벌레가 나무의 내부를 조금씩 갉아먹기 시작했고 그 균열은 서서히, 나무의 중심을 무너뜨렸다. 400년의 시련을 버텨온 나무가 손가락으로 눌러 죽일 수 있을 만큼 연약한 존재에 의해 무너진 것이다.

데일 카네기는 400년 된 나무 이야기의 끝에 이렇게 한 문장을 덧붙인다.

"삶에 폭풍과 산사태와 번개가 몰아닥치면 어떻게든 버텨내지만, '걱정'이라는 딱정벌레에게 쉽게 마음을 내주고 있지 않은가?"

정말 맞는 말이었다. 돌아보면, 나는 지금까지 훨씬 더 크고 무거운 시련들을 견뎌내며 살아왔다. 삶을 뒤흔드는 사건들, 예고 없는 실패들, 모든 것이 무너질 것만 같은 순간들, 그때도 나는 버텨냈다. 그런데 지금, 그 모든 것들을 이겨낸 내가 작은 걱정 앞에서 흔들리는 모습을 보이고 있었다.

그건 마치 400년을 버틴 나무가 딱정벌레에게 서서히 무너진 것과 다르지 않았다. 걱정은 작지만, 그 안에 스며든 불안은 내 삶의 밑둥을 조금씩 갉아먹고 있었다. 결국, 작은 걱정도 무너지기엔 충분한 이유가 될 수 있다. 그래서 나는 다짐했다. 더는 걱정이라는 이름의 딱정벌레에게 마음을 내어주지 않기로.

대부분의 걱정은 실제로 일어나지 않는다. 오히려 걱정은 상상 속에서 커지고, 현실에선 아무 일도 생기지 않는 경우가 많다. 그리고 무엇보다 중요한 사실 하나가 있다.

"걱정한다고 아무것도 달라지지 않는다."

이 단순한 진실을 사람들은 자꾸 잊는다. 나는 자신에게 질문했다.

"내가 왜 걱정을 하고 있지?"

답은 하나였다. 불안하기 때문이었다. 그 불안은 대부분 '모르는 것'에서 비롯된다. 앞으로 무슨 일이 생길지 모르고, 내가 잘할 수 있을지 확신이 없고, 혹은 아직 배우지 못한 분야라서 두렵다. 즉 걱정의 본질은 '모름'에서 비롯된다는 것. 그렇다면 방법은 간단하다. 걱정의 이유를 파악하고, 그 이유를 하나씩 없애면 된다.

『자기관리론』의 한 문장을 읽어 보자.

> "세상 걱정의 절반은 결정을 내리기에 충분한 지식이 없는 상태에서 무리하게 결정하려 하기 때문에 생긴다."

걱정은 단순히 불안해서 생기는 게 아니라 '모르기 때문에 생기는 것'이었다. 나는 그동안 충분한 지식도, 준비도 없이 결정을 내려야 한다는 압박감에 시달리고 있었다. 그러니 당연히 마음속엔 걱정이 자리를 잡을 수밖에 없었다.

그제야 나는 '기초를 쌓는 것'의 중요성을 다시 깊이 깨닫게 되었다.

"작가로 성공할 수 있을까?"

"사업이 잘 될까?"

그런 고민을 할수록 먼저 그 분야에 대해 더 공부해야 했다. 알지 못하는 영역에 대한 막연한 추측이 가장 큰 걱정을 만드는 법이기 때문이다. 그 기초를 쌓는 가장 빠르고 확실한 방법은 '독서'였다. 책은 내가 모르는 것을 알게 해 주고, 불안을 지식으로 바꾸게 해 주는 가장 좋은 수단이었다. 그래서 나는 지금도 계속해서 책을 읽는다. 걱정을 없애기 위해서가 아니라 확신을 만들어가기 위해서다.

내가 아는 만큼 세상은 달라 보인다. 이건 단순한 표현이 아니라 삶을 관통하는 핵심 원리였다. 아는 단어가 많아질수록 나의 세계는 넓어지고 걱정의 무게도 가벼워진다. 만약 지금 어떤 분야가 불안하고 걱정된다면 그건 아직 내가 그 영역을 충분히 알지 못하기 때문이다.

그래서 필요한 건 막연한 불안이 아니라 지식과 지혜를 쌓는 일이다.

"걱정에게 먹이를 주지 말라."

걱정은 내가 던져주는 상상력과 무지의 조각들을 먹고 점점 더 커진다. 집중해야 할 건 아직 일어나지 않은 미래가 아니라 지금, 이 순간이다. 작은 걱정들이 삶을 지배하지 않도록 하려면 계속해서 배우고 성장해야 한다. 그리고 그 모든 시작은 언제나 책이었다. 책을 읽어야 하는 이유 중 하나는, 걱정을 없애는 데 탁월한 도구이기 때문이다.

정답은 없다.
더 좋은 질문만 있을 뿐

　세상에는 정해진 답이 없다. 그런데도 우리는 늘 답을 찾으려 한다. 어떻게 하면 좋을까? 어느 곳으로 취업해야 성공할까? 어떤 방식이 정답일까? 수많은 사람이 저마다의 정답을 말하지만, 들여다 보면 그 답들은 모두 제각각이다. 사람마다 자신의 인생에 대한 고유한 해석과 관점을 가지고 있기 때문이다.

　중요한 건 세상이 정해놓은 정답을 따라가는 것이 아니라 나만의 답을 스스로 찾아가는 것이다. 내가 만든 질문에 내가 납득할 수 있는 답을 내는 것, 그것이 진짜 '나의 길'을 걷는 첫 걸음이 된다.

　자신을 향해 질문을 던지지 않으면 아무것도 얻을 수 없다. 내면과 대화를 하지 않으면 내가 지금 있는 곳이 어디인지, 얼마만큼 걸어왔는지, 앞으로 얼마나 더 걸어가야 하는지조차 가늠할 수 없다. 삶의 답은 자신에게 던지는 질문에 달려 있다.

나 역시 오랫동안 그 사실을 알지 못했다. 자신에게 묻지 않고 살아온 시간, 나는 세상의 말에 귀를 기울이기만 했다. 내가 무엇을 좋아하는지, 무엇을 잘하는지 고민해볼 필요조차 느끼지 못했다. 세상이 정해놓은 '괜찮은 사람'의 기준이 있었기 때문이다.

주변에는 책을 출간하기 위해 글을 쓰고 있는 사람들이 많다. 그중 나와 인연이 닿은 분이 이런 질문을 했다. 초고를 집필하고 있는데, 막히는 부분이 있다는 거였다.

"북크님은 글이 잘 써지지 않으면 누구에게 물어보시나요?"

나는 이렇게 말해 주었다.

"저는, 저 자신에게 물어봅니다."

"아, 그러네요. 그게 정답이네요"

그분도 내 말뜻을 알아차린 듯했다.

"어차피 문제는 나의 내면에서 발생했을 건데 남에게

물어봐도 잘 모를 겁니다. 제가 가진 문제니까요. 그래서 저는 매일 책을 읽고 글을 쓰고 있습니다. 외부가 아닌 나 자신으로부터 답을 찾는 게 좋다고 생각합니다."

각자의 문제가 있다. 각자 풀어야 할 숙제가 있다. 그걸 남에게 묻는다고 해서, 과연 완전히 해결될 수 있을까? 물론 훌륭한 조언을 얻을 수도 있다. 하지만 나는 항상 이렇게 생각해왔다.

"가장 중요한 질문은, 자신에게 던지는 질문이다."

같은 책을 읽어도, 같은 문장을 마주해도, 내가 처한 문제와 마음가짐에 따라 그 문장은 전혀 다르게 다가온다. 답은 질문의 형태에 따라 완전히 달라진다.

"내가 과연 이 일을 할 수 있을까?"와 같은 의심을 품고 묻는다면, 마음은 스스로 한계를 설정해버린다. 그러나 질문을 "내가 성공하려면 어떻게 해야 할까?" "내가 작가가 되려면 어떤 과정을 밟아야 할까?"와 같이 능동적이고 구체적으로 바꾸면, 그 즉시 머릿속은 설계도와 해결책으로 가득 찬다.

결국, 질문이 우리를 규정한다.

자신에게 던지는 질문이 막막함을 만드는가, 아니면 길

을 여는가?

그 차이에 따라 인생의 방향은 달라진다. 바로 그 지점에서 나는 다시 나에게 물었다.

"좋아하는 일이 떠오르지 않는다면, 가장 싫어하는 일은 무엇일까?"

질문이 달라지자, 오래전부터 내 안에 있었던 어떤 감정이 모습을 드러냈다.

나는 성인이 된 이후의 시간을 대부분 군대에서 보냈다. 다시 말해, 내 삶의 중요한 시기들을 누군가의 지시와 통제 속에서 살아왔다는 뜻이다. 처음에는 익숙하고 당연하게 여겼지만, 시간이 지날수록 내면 깊은 곳을 갉아먹기 시작했다.

나는 나의 시간과 공간이 누군가에 의해 결정되는 것이 견딜 수 없이 싫었다. 그 감정은 단순한 불편함이 아니라 누군가의 삶을 대신 살아내고 있는 듯한 이질감이었다.

"남의 지시가 아니라 나 자신의 의지에 따라 선택하는 삶, 통제받지 않는 삶. 그것이 내가 진짜로 원하는 삶이다."

어쩌면 좋아하는 일을 찾으려는 시도는 애초에 너무 막

연하고 방대한 목표였는지도 모른다. 하지만 반대로, 내가 무엇을 가장 싫어하는지를 떠올려보는 것만으로도 오히려 본질에 더 가까이 다가갈 수 있었다. 좋아하는 일이 쉽게 떠오르지 않을 때는, 가장 피하고 싶은 일을 정면에서 마주해 보자. 그 질문이 때로는 가장 깊고 정확한 답을 품고 있을지도 모른다.

내가 싫어하는 일이 무엇인지 정확하게 알자 길이 보이기 시작했다. 무엇을 좋아하는지를 찾지 못해 헤매던 시간과는 달리, 싫어하는 것을 명확히 인식하자 그 반대편에 내가 원하는 삶의 윤곽이 또렷하게 떠올랐다.

나만의 시간과 공간을 온전히 소유한 삶이 내 목표가 되어야 했다. 그 관점에서 보았을 때, 회사에 들어가는 것은 나와 맞지 않았다. 어디 다른 조직에 취업하는 것도 결국 같은 구조일 뿐이었다. 그렇다면 답은 하나였다.

'내가 주도할 수 있는 일.'

'시간과 공간의 제약에서 비교적 자유로운 일.'

그런 일을 해야 했다.

여기서부터 나는 다시 나 자신을 향해 질문을 던졌다.

"지금 내가 가지고 있는 능력으로 할 수 있는 일은 무엇이 있을까?"

그 질문은 구체적이었고, 바로 실행 가능성으로 이어졌다.

나는 책 읽는 것을 좋아했고, 남들에게 무언가를 설명하는 데에도 자신이 있었다. 그런 나의 특성을 바탕으로 두 가지 직업이 떠올랐다. 작가. 그리고 강사.

"그래, 그럼 적어도 남에게 지시받고 통제받는 삶은 아니니까."

그렇게 스스로 말하며 하나씩 답을 찾아가기 시작했다. 길은 아직 막연했지만, 방향은 선명했다.

아무도 가보지 않은 길을 가야 했다. 주변 사람 중에 작가도 없었고, 강사도 없었다. 그러나 책 속에는 그런 길을 먼저 걸어간 사람들의 흔적이 있었다. 나는 그 흔적을 따라 걸어보기로 했다. 작은 질문이었지만 그 질문은 내 삶의 큰 문을 여는 열쇠가 되었다.

나는 깨달았다. 인생의 큰 문을 움직이는 것은 거대한 힘이 아니었다. 그 문을 여닫는 것은, 오히려 눈에 잘 띄지도 않는 작은 경첩들이었다. 그리고 그 경첩은 다름 아닌, 자신에게 던지는 작은 질문들이었다. 하지만 우리는 그 질문을 하는 걸 주저한다. "지금 이게 맞을까?" "이 길로 가도 될까?"와 같은 질문조차 외면한다.

그러나 묻지 않으면 어떤 대답도 돌아오지 않는다. 질문하지 않는다는 건, 가능성의 문을 스스로 걸어 잠그는 일이다. 반대로, 자신에게 계속 묻다 보면, 작든 크든 언젠가는 답이 고개를 든다.

정확한 답이 아닐 수도 있다. 어쩌면 오답일 수도 있다. 그러나 질문 없는 인생에는 정답도 오답도 없다. 공백만이 있을 뿐이다. 질문은 생각을 움직이고, 생각은 방향을 바꾸며, 방향은 결국 삶의 궤도를 그려낸다.

미국의 동기부여 강연이자 자기계발 작가인 토니 로빈스Tony Robbins는 이렇게 말했다.

"질문의 수준이 삶의 수준을 결정한다."

자신에게 어떤 질문을 던지며 인생을 살아가고 있는가? 그 질문은 정말 원해서 꺼낸 질문인가? 아니면 세상이 미리 정해놓은 질문지에, 형식적으로 답만 적어내고 있는가? 자신에게 던지는 질문이 결국 삶의 수준을 결정한다.

삶이 깊어지지 않는 이유는 세상이 정해준 질문에만 답

하고 살았기 때문이다. 무엇을 원하는지, 어떤 방향으로 나아가고 싶은지조차 알 수 없다면, 그건 질문이 부족한 것이다. 묻지 않으면 깨닫지 못하고, 깨닫지 못하면 선택할 수 없으며, 선택하지 않으면 인생은 남이 써놓은 대본대로 흘러갈 뿐이다.

원하는 삶이 있다면, 그에 맞는 질문을 먼저 찾아야 한다.
"나는 왜 이 길을 가고 있는가?"
"지금 이 삶은 내가 선택한 것인가?"
"다른 선택지가 있다면, 나는 어떤 길을 선택할 것인가?"

이 질문들 앞에서 자신과 마주하게 된다. 질문은 길을 만든다. 답은 그 길 위에서만 발견된다. 인생에는 정해진 정답이 없다. 그래서 더 치열하게, 더 끈질기게 자신을 향해 질문을 해야 한다. 그 질문이 때로는 불편하고 두렵다. 어쩌면 외롭기까지 하다.

하지만 질문을 멈추는 순간, 성장도 멈춘다. 없는 답이라도 얻기 위해 우리는 질문을 해야 한다. 질문이 멈추지 않는 한, 삶의 전진도 멈추지 않는다.

3장

삶의 본질 앞에 서다

삶의 목적을 찾아라

『죽음의 수용소에서』는 2차 세계대전 당시, 아우슈비츠 수용소에 수용되었던 정신과 의사 빅터 프랭클이 극한의 상황 속에서 목숨을 이어가며 쓴 기록이다. 인간으로서 상상할 수 없는 가장 가혹한 환경에서도 자신의 사명을 포기하지 않았던 한 인간의 메시지다.

종이 한 장, 연필 하나조차 제대로 구할 수 없는 상황에서도 그는 어떻게든 기록을 남기고자 애썼다. 심지어 고통 속에 써 내려간 그 원고는 한때 감시관에게 빼앗기기도 했다. 그러나 그는 포기하지 않았다. 삶의 의미를 끝까지 붙잡았고, 그 기록은 지금도 전 세계 수많은 사람에게 삶의 방향을 제시하고 있다.

나는 '삶의 목적'이라는 것을 진지하게 생각해 본 적이 없었다. 남들처럼 월급날을 기다리며, 정해진 출근 시간에 맞춰 집을 나서고, 주말을 위해 평일을 견디는 삶을 살아왔다. 하기 싫어도 참고, 쉬지 못할 때도 남들도 다 그렇게 사니까, 그러려니 하며 자신을 달랬다. "이 정도면 괜찮은 거 아닐까?"라는 말로 현실을 합리화했고, 불만보다는 체념이 익숙했다. 목적이 아닌 생존을 위해 살아가고 있었다. 삶의 방향은 없었고, 정해진 궤도를 따라 흘러가는 기차처럼 하루하루를 지내고 있었다.

그러다 책을 만나게 되었고 처음으로 내 인생에 목적이라는 것이 생겼다. 그것은 거창한 것도 아니었고, 누구에게 과시하기 위한 것도 아니었다. 단 하나, '죽기 전에 반드시 내 이름으로 된 책을 세상에 내놓는 것,' 그게 나의 유일한 목적이었다. 그 이후의 일은 생각하지 않았다.

오직 그 목표 하나만 바라보며 하루하루를 보냈다. 매일같이 책을 읽고 글을 썼다. 내가 쓰는 이 문장들이 언젠가는 누군가의 마음에 닿기를, 누군가에게는 '인생 책'으로 기억되기를, 그리고 단 한 사람의 삶이라도 바꿔주는 책이 되기를 바라는 마음으로 원고를 썼다.

"내가 세상에서 한 가지 두려워하는 것이 있다면, 그것은 내 고통이 가치 없는 게 되는 것이다."

『죽음의 수용소에서』를 읽으면서 이 문장에 깊이 공감했다.

군 생활을 하며 원고를 집필한다는 건 상상 이상으로 고통스러운 일이었다. 장기간 훈련을 나가면 밀린 원고는 열 장을 훌쩍 넘기기 일쑤였다. 피곤함과 스트레스, 시간에 쫓기는 압박 속에서도 절대로 포기하지 않았다. 퇴근하자마자 책상에 앉아 하루의 남은 모든 에너지를 원고에 쏟아 부었다.

4시간을 생각하고 글을 썼는데, 반 장밖에 채우지 못한 날도 있었다.

그날 처음으로 흔들렸다.

"내가 지금 제대로 하는 걸까? 정말 완성할 수 있을까? 이렇게 오래 고민해서 써낸 게 고작 반 장이라면, 앞으로 남은 수십 장은 도대체 얼마나 더 오래 고통을 감내해야 하는 걸까?"

하지만 그때도 한 가지는 분명히 알고 있었다.

지금의 이 고통이 무의미하게 흘러가지 않으려면, 결국 포기하지 않아야 한다는 것. 고통의 의미는 어떻게 견디고, 끝내 무엇을 만들어내는지에 따라 달라진다는 걸 그 누구보다 잘 알고 있었다.

그래서 멈추지 않았다. 하루가 힘겨웠던 만큼 그 고통이 언젠가 누군가의 가슴에 닿는 문장이 될 것이라 믿었기에 나는 다시 자리 앉아 글을 쓰기 시작했다. 그리고 마침내, 오랫동안 꿈꿔온 삶의 목적을 이루는 날이 다가왔다.

첫 책을 출간하고, 출판사로부터 저자 증정본이 도착했다. 그 순간의 감정은 아직도 생생하게 남아 있다. 설렘과 긴장, 감격이 뒤섞인 채 상자를 열었다. 조심스레 책을 꺼내 들었고, 손끝으로 표지를 어루만졌다.

눈물이 날 것 같았다. 이 책 한 권을 완성하기 위해 감내했던 수많은 고통, 외로움, 그리고 밤늦도록 홀로 글을 쓰며 버텨온 시간이 주마등처럼 스쳐 지나갔다. 때로는 쓰지 못한 문장 앞에서 좌절하기도 했고, 고요한 새벽에 혼자 책상 앞에 앉아 "왜 이렇게까지 해야 하지?"라고 나 자신을 향해 질문을 했었다. 그 모든 순간이 한 권의 책에 다 담겨 있었다.

나는 책 표지를 가만히 바라보며 마음속으로 되뇌었다.

"첫 번째 목적은 달성했다. 죽기 전에 내 이름으로 된 책을 한 권 내는 것. 이제는 이 책이 누군가에게 인생을 바꾸는 책이 되기를, 누군가의 어두운 시기에 작은 빛이 되어 주기를."

첫 번째 삶의 목적은 노력하면 이룰 수 있다고 믿었다. 포기하지 않고 나 자신과 한 약속을 지켜나가기만 하면 언젠가는 완성할 수 있을 것이라는 확신이 있었다. 힘들어도 멈추지 않고 꾸준히 쓰면 반드시 책은 완성된다고 믿었다. 결국, 나는 그 약속을 지켰고다. 첫 번째 목적은 그렇게 현실이 되었다.

하지만 두 번째 목적은 달랐다. 내가 아무리 노력해도, 절대 나 혼자만의 힘으로는 이룰 수 없는 일이었다.

"내가 쓴 책이 누군가에게 '인생 책'이 되는 것."

그건 내 의지가 아니라 이 책을 읽은 누군가의 마음이 그렇게 느껴야만 가능한 일이었다. 그래서 첫 번째 목표보다 더 아득했고 어렵게 느껴졌다.

내가 최선을 다해 썼다 해도 누군가의 삶을 바꿀 수 있을지 아닐지는 내가 결정할 수 없는 부분이었다.

첫 책을 출간하고, 생애 첫 북 콘서트를 열게 되었다.

생각보다 많은 분들이 북 콘서트에 참석해 주셨다. 준비한 의자들이 하나둘 채워지더니 어느덧 자리가 꽉 찼다. 낯선 얼굴, 반가운 얼굴, 익숙한 닉네임들까지. 그 순간 나는 실감했다. 내가 쓴 글을 누군가가 읽고, 그 글이 누군가의 마음을 움직였다는 사실을.

내가 집필한 책은 단순한 자기계발서가 아니었다. '읽고, 쓰고, 행동하면 인생이 바뀔 수 있다'라는 강한 메시지를 담은, 체험의 기록이고, 고백이었다. 나는 북 콘서트 무대 위에서 그동안 겪었던 고통, 선택, 실행의 과정을 숨김없이 털어놓았다. 솔직함이 가장 큰 용기라는 걸 알고 있었기 때문이다.

그때 한 분이 조심스럽게 손을 들고 물었다.

"작가님은 왜 안정적인 직장을 포기하셨나요?"

잠시 숨을 골랐다. 수많은 감정이 스쳐갔다. 불안했던 시절, 반대하는 부모님, 망설이던 나 자신, 그리고 전역 지원서를 냈던 그날의 떨림까지.

나는 확신에 찬 목소리로 담담하게 말했다.

"저는 저의 삶의 목적을 찾았습니다. 저는 제 인생을 살고 싶었습니다."

그 순간 객석은 조용해졌고, 공기마저 무거워졌다. 단단하고 명확한 한 문장이 사람들의 마음을 건드린 것이다. 마치 내 책 속 문장 하나가 나의 삶을 바꿨던 것처럼.

북 콘서트가 끝나고, 설렘과 잔잔한 여운이 퍼지는 공간에서 사인회가 이어졌다. 책을 손에 든 독자들이 하나둘 줄을 섰고, 나는 그분들의 책 위에 조심스레 이름을 적었다. 정성스럽게 한 글자 한 글자. 그리고 그 옆엔 지금은 내 회사 이름이 된, 작고 귀여운 사막여우 북크폭스를 직접 그려 넣었다. 단순한 낙서가 아니라 나의 상징이자 함께 걸어온 길의 흔적이었다.

그렇게 한 분, 또 한 분 사인을 하던 중 어느 한 독자분이 조심스럽게 다가왔다. 눈빛에는 울컥한 감정이 담겨 있었고, 손엔 내 책 『독기를 휘두르다』가 꼭 쥐어져 있었다. 그리고 그분은 이렇게 말했다.

"감사합니다, 북크북크님. 『독기를 휘두르다』는 저의 인생 책이 되었어요."

그 말을 듣는 순간, 가슴 한가운데에서 뜨거운 무언가가 울컥 솟구쳤다. 순간적으로 아무 말도 할 수 없었다. 말로 설명할 수 없는 감정이었고, 오직 느낄 수밖에 없는 감정이었다. 살아오면서 겪었던 고통과 외로움, 포기하지 않았던 집필의 시간들을 전부 보상받는 느낌이 들었다.

이렇게 빨리 누군가에게 '인생 책'이라는 말을 들을 수 있으리라고는 생각해본 적도 없었다. 처음 나의 목적은 단

3장 삶의 본질 앞에 서다

하나, "죽기 전에 내 이름으로 된 책 한 권을 내보자."라는 것이었고, 그 꿈을 향해 모든 것을 포기하며 달려왔었다. 그런데 지금, 그 책이 누군가의 인생을 바꾸었다는 말을 들었다.

그 날 이후, 나는 확신했다.

"나는 올바른 길을 걷고 있었구나. 내가 걸어온 이 길이 누군가에겐 희망이 될 수 있었구나."

삶의 목적을 찾고, 그 목적을 향해 단 하나의 길만을 바라보며 끊임없이 달려간다면 결국에는 이루어진다는 것을 나는 그날 확신했다. 누군가의 인생을 바꾼다는 건 쉬운 일이 아니지만 그 말을 들은 그 순간, 내 모든 고통과 시간이 빛으로 바뀌었다.

지금도 나는 새로운 삶의 목적을 향해 나아간다. 나의 회사를 성장시키고, 사람들이 자신의 삶을 스스로 이끌 수 있도록 돕는 사람, 의미 있는 글을 쓰고 진짜 도움이 되는 사람. 그것이 지금의 내 삶의 목적이다.

당신은 어떤가?

누구도 말릴 수 없는 자신을 스스로 움직이게 하는 인생의 목적이 있는가?

아니, 그보다 한 번이라도 '진정한 삶의 목적'에 대해 진지하게 고민해 본 적이 있는가?

만약 그렇지 않다면, 지금, 이 순간이 그 출발점이 될 수 있다.

자신에게 끊임없이 질문하고, 답을 찾고, 때로는 흔들리더라도 포기하지 말고 자신만의 방향을 정하라.

목적이 분명한 사람은 쉽게 쓰러지지 않는다. 방향을 잃은 사람만이 세상의 말에 흔들릴 뿐이다. 삶의 목적은 앞으로 이끌어 줄 지도이자 나침반이다. 그리고 반드시 기억하자.

간절하게 원하면, 그 목적을 이루는 날은 반드시 온다.

산다는 건
시련을 감내한다는 것

시련은 변화를 이끄는 힘을 가지고 있다. 삶이 평온할 때는 자신이 어디로 가고 있는지, 어떤 사람이 되어야 하는지에 대해 깊이 고민하지 않게 된다. 하지만 큰 시련은 우리를 흔들고 멈추게 만들며 자신을 직면하게 만든다.

만약 내가 고통과 시련의 터널을 지나지 않았다면 작가라는 길을 선택하지도 않았을 것이고, 지금처럼 회사를 운영하며 사람들에게 영향을 주는 삶을 살지도 못했을 것이다. 오히려 시련이 내 안에 숨겨져 있던 가능성을 깨우는 열쇠가 되어 주었다.

때로는 살아가는 과정에서 겪는 역경이 나를 무너뜨릴 만큼 거세게 밀려오지만, 그 순간들을 견뎌내는 과정에서 조금씩 변화한다. 이전의 나와는 다른 나로, 더욱 단단한 존재로 거듭나게 된다. 그리고 그 변화는 눈으로 보이는 성공이 아니라 내면의 성장으로부터 비롯된다.

고난 없이 성장하는 사람은 없다. 압력을 견디지 않으면 단단한 보석이 만들어질 수 없듯, 시련이라는 시간 속에서 단련된다. 지금 겪고 있는 시련 또한 당신을 위한 변화의 서막일지도 모른다.

빅터 프랭클은 이렇게 말했다.

"시련과 고난의 절대적인 한계까지 가보았다고 생각했던 사람이 아직도 시련이 끝나지 않았다는 것을, 시련에는 끝이 없으며 앞으로도 더 많은 시련을 더 혹독하게 겪어야 한다는 사실을 깨닫게 된다."

시련은 끝이 없다. 하나의 파도가 지나가면 또 다른 파도가 밀려오듯 하나의 시련을 넘기면 반드시 다음 시련이 기다리고 있다. 처음엔 왜 이렇게 끝도 없이 힘든 일만 반복되는 걸까 원망도 했지만, 시간이 지날수록 한 가지는 분명하게 깨달았다. 시련은 피한다고 해서 사라지지 않는다는 것을. 오히려 외면하고 모른 척할수록 더 큰 파도가 밀려와 나를 집어삼키려 한다.

내가 변화하고 앞으로 나아가기 위해서는 시련을 외면하지 않고, 정면으로 마주 보는 수밖에 없었다.

지금도 나는 여전히 수많은 시련 한가운데 서 있다. 책을 집필하고, 회사를 운영하고, 웹소설을 연재하며 하루하루를 버텨내고 있다. 쉬는 시간 없이 온 에너지를 생산적인 활동에 쏟는 것 자체가 나에겐 또 다른 시련이다.

가끔은 정말 모든 걸 내려놓고 마음 편히 쉬고 싶은 유혹이 몰려오지만, 나는 알고 있다. 당장의 편안함은 순간적인 위안일 뿐이고, 진짜 인생을 바꾸기 위해선 장기적인 보상을 위한 시련을 견뎌내야 한다는 걸.

시련은 내 인생의 적이 아니라 스승이다. 나를 시험하고 성장시키고, 내가 원하는 방향으로 나아갈 수 있도록 채찍질하는 존재다. 견디고 나면, 어느새 나는 전보다 단단해져 있다. 그리고 그때마다 깨닫는다. '지금, 이 시련도 언젠가 나를 이야기할 수 있는 또 하나의 장이 되겠구나.'

매일 맑은 날만 계속되면 결국 사막이 되는 것처럼 삶도 그렇다. 비 한 방울 내리지 않고 뜨거운 태양만 쏟아지는 곳에서는 어떤 생명도 자랄 수 없다. 비가 오고, 때로는 거센 바람과 천둥과 번개가 몰아쳐야만 땅은 숨을 쉬고, 토양은 영양분을 머금는다. 시련은 그렇게 나를 더욱 비옥한 사람으로 만들어 주는 본질적인 자양분이었다.

시련이 없었다면 변화할 이유조차 없었다. 변화할 필요성을 느끼지 못했을 것이고, 지금처럼 자신을 스스로 단단히 벼릴 수도 없었을 것이다. 날씨처럼, 인생도 마찬가지다. 매일 똑같이 평온한 날씨 아래에서는 평범한 하루가 반복될 뿐, 두근거림이나 기대감은 자라지 않는다.

인생이란 예측할 수 없으므로 오히려 살아 있다는 감각이 더 선명해진다. 만약 앞으로 어떤 시련이 올지 미리 알고 있다면 피해버릴 것이고 아무것도 얻지 못한다. 예상치 못한 순간에 불쑥 나타나는 고난, 그 문제와 정면으로 마주하며 풀어나가는 과정에서 내면의 무언가를 깨닫는다.

큰 시련을 견뎌낸 사람에게 작은 시련은 나지막한 언덕에 불과하다. 그런 면에서 군 시절의 혹독했던 극한훈련은 몸과 마음을 단련시켰고, 그런 경험들이 나의 내면을 단단하게 만들어 주었다. 자신을 몰아붙이며 포기하지 않고 목적지를 향해 나아갈 수 있는 힘을 주었다.

큰 시련을 겪은 자는 작은 시련 앞에서 주저하지 않는다. 반대로, 시련을 제대로 겪어보지 않은 자는 작은 고난 앞에서도 쉽게 무너지고 망설인다. 지금 이 자리에 살아 있다는 것은 어떤 시련이든 이미 여러 번 견뎌왔다는 증거다. 그 고비들을 넘지 못했다면 지금의 나는 존재하지 못했을 것이다.

시련은 앞으로도 계속해서 찾아올 것이다. 예고 없이, 준비할 틈도 없이 갑작스레 다가올지도 모른다. 하지만 나는 알고 있다. 버티고, 견디고, 나아가면 결국 또 다른 나를 만나게 된다는 것을.

빅터 프랭클은 이렇게 말했다.

"지금까지 시련을 겪어오면서 다른 무엇으로도 대신 할 수 없는 것을 잃은 적이 있다면 그것이 무엇인지 스스로 물어보라."

"큰 시련을 겪으면서 절대 잃어서는 안 되는 것을 잃었던 적이 있었을까?"

나는 수없이 스스로에게 되물었다. 돌이켜보면, 그 어떤 시련 속에서도 정말 대체할 수 없는 것을 잃은 적은 거의 없었다. 오히려 시련을 통해서만 얻을 수 있는 것들이 있었다. 그 고통의 시간을 통과했기에 나는 내가 누구인지, 어떤 삶을 원하는지에 대해 진지하게 마주할 수 있었다.

지금 나는 대체되지 않는 사람이 되기 위해 부단히 노력하고 있다. 누군가의 일 대신이 아니라 나만의 일을 하고, 시간을 살아가는 삶. 군 시절 수많은 시련을 겪지 않았다면 얻을 수 없는 선물이었다.

시련은 결국, 나를 잃게 하는 것이 아니라 내가 누구인지, 무엇이 될 수 있는지를 드러내는 과정이었다.
자신에게 꼭 물어보길 바란다. 지금까지 겪어온 시련이 자신에게 어떤 변화를 가져다 주었는가? 그 시련이 없었다면 지금의 '나'는 존재할 수 있었을까?
우리는 종종 시련의 '단면'만 바라본다. 힘들고 괴로웠던 기억, 상실과 좌절만을 떠올리며 그것을 '불행'이라 단정 짓는다. 하지만 시련은 언제나 양면성을 지닌다. 잃은 것도 있겠지만, 반드시 얻은 것도 있다.

우리가 집중해야 할 것은 "그 시련을 통해 나는 무엇을 얻었는가?" 하는 질문이다. 이미 지나간 일에서 상실만 반복해서 곱씹는다고 상황이 달라지지 않는다.
누구나 이득인 상황에서 이득을 취할 수 있다. 그건 바보가 아닌 이상 누구나 가능한 일이다. 진짜 성장은 손해

처럼 보이는 상황, 시련과 고통 속에서조차 '얻을 것'을 찾아낸 사람에게만 주어진다.

  시련은 도미노와 같다. 도미노는 하나가 쓰러지면 연달아 모든 조각이 쓰러지며 결국엔 하나의 아름다운 그림을 완성한다. 우리 인생도 마찬가지다. 나 역시 수많은 실패와 좌절을 겪었다. 학업에 무너졌고, 일에 무너졌고, 인간관계에서도 경제적인 상황에서도 계속해서 쓰러졌다. 그리고 앞으로도 삶의 도미노는 계속 넘어질 것이다.
  도미노는 모두 넘어져야만 그림이 완성된다.
  그렇게 나는 모든 시련과 고난을 하나하나 겪어냈고, 결국 '작가'라는 이름의 도미노를 완성할 수 있었다. 수많은 시련이 있었기에 고통을 글로 승화시킬 수 있었고, 그런 글들을 쌓아 책이라는 결과물로 이어낼 수 있었다.

  가끔은 멀리서 바라볼 필요도 있다. 지금 내가 어디쯤 와 있는지, 얼마나 많은 도미노가 이미 넘어졌는지, 앞으로 얼마나 더 넘어져야 할지. 지금, 이 순간이 힘들고 고통스럽더라도, 언젠가 위에서 바라보면 그 모든 도미노가 아름다운 그림을 완성하고 있을 것이다.

계속해서 넘어지고 또 일어서기를 반복해 보자. 언젠가 그 모든 시련이 하나씩 쓰러진 도미노가 되어, 인생이라는 단 하나의 작품을 완성하게 될 테니까.

죽음 앞에 이르면
깨닫는 것들

 빅터 프랭클의 『죽음의 수용소에서』를 읽다 보면, 죽음에 대해 생각하지 않을 도리가 없다. 상상할 수도 없는 고통을 매일 이겨내야 했던 사람들, 자신의 삶을 스스로 마감한 사람들. 그 책을 읽으며 내가 놀랐던 부분은 바로 '방향'이었다.

 아우슈비츠 수용소에 도착한 사람들은 더는 자신의 선택에 따라 움직일 수 없었다. 감독관의 손짓 하나에 의해 한쪽은 '왼쪽', 또 다른 쪽은 '오른쪽'으로 향한다. 그리고 그 순간, 그 방향으로 운명이 정해진다.
 오른쪽으로 간 사람은 일을 할 수 있다고 판단된 사람들, 그리고 왼쪽으로 간 사람들은 그렇지 않다고 분류된 사람들이다. 그리고 왼쪽 방향으로 분류된 사람들이 탄 기차는 다시는 돌아오지 못할 여정에 오른다. 인간의 삶이 이렇게도 간단하고, 비인격적이며, 한 방향으로 단호하게 결정될 수 있다는 사실에 나는 숨이 막혔다.

지금 서 있는 자리에서 어떤 방향으로 나아갈지는 자신의 선택이다. 아우슈비츠에서의 끔찍한 분기점이 우리에게 말해 주는 것은, 선택할 수 없는 삶의 무게와 선택할 수 있는 삶의 가치다.
삶의 방향을 스스로 선택할 수 있는 결정권은 인간으로서의 기본적인 권리다. 무엇을 하든 그 선택권은 자신에게 주어져 있다. 『죽음의 수용소에서』를 읽으면서 내가 선택할 수 있는 환경에 놓여 있다는 것만으로도 큰 축복을 받은 셈이라고 생각했다.

우리는 그 선택의 소중함을 종종 잊는다. 당연하게 주어진 시간과 자유를 우리는 무심히 흘려보낸다. 하지만 죽음이 코앞에 다가오는 순간, 우리는 어떤 생각을 하게 될까? 죽음을 맞닥뜨리게 되면 어떤 기분이 들까? 대부분 사람들은 죽음에 직면한 적이 거의 없을 것이다.

3장 삶의 본질 앞에 서다

죽음의 순간이 찾아오면 다른 생각은 할 수 없다. 지금 상황에서 최선을 만들어야 한다고 생각할 수밖에 없다. 생존과 관련된 모든 것을 생각하게 되고 그동안 나의 삶이 주마등처럼 지나간다.

나는 어떤 상황이라도 당황하거나 급하게 생각하지 않는 성격을 지니고 있다. 차분하게 지금의 상황을 살피고 할 수 있는 최선의 방향을 찾는 사람이다.

내가 실제 작전을 나갔을 때의 일이다. 우리는 실탄과 수류탄을 휴대하고 작전을 나갔다. 자세히 설명할 수는 없지만 정해진 시간 동안 준비를 하고 정해진 시간 동안 그 자리를 지키는 임무라고 생각하면 쉽다. 주변에 모든 상황을 알고 있어야 하고 그 시간에 그 어떤 사람도 작전지역에 있을 수 없다. 만약 있다면 적으로 간주해 실탄을 쏴야 하는 작전이었다.

해가 완전히 저물고 우리는 작전지역으로 들어갔다. 실탄을 들고 나간 만큼 철저하게 준비하지 않으면 사고가 날 수도 있는 상황이었다. 나는 평소보다 더욱 예민해질 수밖에 없었다. 그렇게 모든 준비를 마치고 작전 시간이 다가왔다. 모든 통신은 최소로 해야 하고 빛도 소리도 내서는 안 되는 시간이다.

그렇게 작전 시작 후 일정 시간이 지나고, 캄캄한 어둠 속 정적이 익숙해질 무렵이었다.

"탕!"

건조한 공기를 찢으며 한 발의 총성이 울렸다. 동시에 좌측 어딘가에서 번쩍, 불빛이 튀었다. 무엇인가 앞쪽으로 빠르게 날아가는 것이 보였다. 거리는 그렇게 멀지 않았다.

순간, 머릿속에 수많은 생각이 스쳐갔다.

'잘못 들은 건가? 그런데 분명히 빛이 보였어. 누가 폭죽놀이라도 하는 건가?'

하지만 이건 분명 장난이 아니었다.

그때 부팀장의 무전이 날아왔다.

"어? 저만 듣고 본 겁니까?"

그랬다. 나만이 아니었다. 모든 팀원이 그 소리를 들었고, 그 장면을 목격했다는 뜻이었다. 나는 머릿속을 정리하며 침착하게 무전에 응답했다.

"잠시 대기, 아직 아무런 행동도 하지 말도록."

그리고 그 말이 끝나기도 전에 연속적인 총성이 작전지역 근처에서 들려왔다.

"탕탕탕!"

"팀장님!"

부팀장이 통신으로 교신을 했지만 나는 단호하게 대답했다.

"대기!"

이 순간, 가장 중요한 것은 흔들리지 않는 중심이었다. 혼란이 몰려올수록 판단은 냉정해야 했고, 들끓는 감정을 억눌러 통제해야 했다. 내 말 한마디에 생사가 갈릴 수 있었다.

나는 무전기 옆에 있던 손을 가만히 들었다.

'지금 이 상황에서 섣불리 움직였다간 진짜 전투가 벌어질 수도 있다.'

그때였다.

"전방에 적 출현!"

귀를 의심할 수밖에 없었다.

"적 출현?"

나는 무전기를 움켜쥐고 차분하지만 단호한 음성으로 지시를 내렸다.

"지금부터 전투 준비! 실탄 한 발 장전. 수류탄 파우치에서 한 발 꺼내. 조종간 안전. 감시태세 강화. 사격 명령을 내리기 전까지는 절대 사격 금지! 반복한다. 사격 금지!"

 말을 마치고 나는 감시 장비를 통해 전방을 주시했다. 바람이 피부를 스치고, 주위는 적막했다. 총성이 멈춘 후여서인지 정적이 더욱 무겁게 내려앉았다. 그 와중에 머릿속을 스쳐 가는 수많은 이미지들. 훈련, 가족, 친구들, 그리고 지금 이 자리에 함께 있는 팀원들. 그 순간, 나를 지배한 감정은 단 하나였다.

"이 아이들을 반드시 지켜야 한다!"

 내가 살아남는 것보다 팀원들이 집으로 돌아가는 것. 그게 우선이었다. 하지만 이상한 기시감이 계속 들었다. 전방에 뭔가 있는 것 같기도 하고, 자세히 보면 없는 것 같기도 했다. 불안은 점점 시야를 흐리게 만들었다.

 그러다 무전기에서 들려온 짧은 한마디가 긴장을 끊어냈다.

"사격 종료!"

 그리고 곧 밝혀졌다. 그 총소리는 실제 전투 상황이 아니었다. 다른 곳에서 진행 중이던 야간사격 훈련이 있었던 것이다. 내가 들었던 "적 출현!"이란 말은, 훈련용 무전 메시지 중 하나였고, 사전 공지에 빠져 있었던 정보였다.

 나는 상급부대에 즉시 연락을 취해 상황을 확인했다. 모든 것이 정리된 후, 깊은 안도의 숨을 내쉬며, 조용히 생각했다.

'죽음이 다가오면 이런 생각을 하게 되는구나, 이런 행동을 할 수밖에 없는 것이구나.'

나는 그때 처음으로, 사람이 죽음에 직면하게 되면 어떤 생각을 하게 되는지, 무엇을 바라보는지, 어떤 행동을 선택하게 되는지를 정확히 알게 되었다. 지금도 그날의 경험은 내 삶에서 가장 중요한 순간 중 하나로 남아 있다. 물론 그것 하나만은 아니었다. 강하훈련을 받으면서도 몇 차례나 죽음을 마주했던 기억이 있다.

그 덕분일까. 나는 지금 어떤 도전 앞에서도 머뭇거리지 않는다. 일반적인 두려움, 실패에 대한 걱정, 혹은 시선에 대한 부담감 따위는 더 이상 나를 붙잡지 못한다. 이미 생사의 경계에서 수없이 고민하고, 결단하고, 견뎠던 사람이기 때문이다. 날카로운 바람이 귓가를 스쳐가는 하늘에서, 혹은 무거운 정적으로 가라앉은 어둠속에서 총성이 울리던 그 밤에 느꼈던 그 서늘한 감정은 내 안의 또 다른 나를 만들어 주었다. 그리고 그때의 내가 말해 주었다.

"이 정도쯤이야. 넌 이미 해봤잖아."

그래서 나는 안다. 지금 내 앞에 놓인 이 도전, 이 길, 이 과업이 아무리 거대하고 험난해 보여도 그것은 '죽음'이 아니다. 단지 또 하나의 길일뿐이고, 넘어야 할 고개일 뿐이다. 죽음 앞에서도 끝까지 침착함을 유지했던 나. 그런 내가 지금 이 정도 시련 앞에서, 과연 멈추어 설 이유가 있을까?

죽음은 이미 예정되어 있다.

우리가 가장 두려워하는 죽음조차도 이미 정해진 시간표 위에 놓여 있다는 사실을 받아들이게 되면, 지금 내가 하려는 도전은 그렇게 두려운 일이 아니라는 것을 알게 된다.

언젠가는 반드시 끝이 있는 여정을 걷고 있을 뿐이라면, 그 끝이 오기 전까지는 어떤 일이든 시도해 볼 수 있는 것 아닐까. 정해진 종착역이 있다는 건, 그전까지는 마음껏 달릴 수 있다는 뜻이기도 하다.

4장

머뭇거리지 말고
지금 당장 실행하라

삶을 바꿀 의지가 있는가?

개리 비숍의 『시작의 기술』은, 보도 섀퍼의 책들을 모두 읽고 난 후 우연히 접하게 된 책이었다. 처음엔 "너는 할 수 있어!", "우리는 가능해!"와 같은 따뜻한 격려의 메시지를 기대했었다. 하지만 이 책은 정반대였다.

읽는 내내 들려온 건 냉정한 외침이었다.

"평생 그렇게 살아라. 삶을 바꿀 의지도 없으면서 뭔가를 바라지 마라. 노력도 하지 않으면서 변화되길 기대하지도 마라."

책장을 넘길수록 마치 뼈를 맞는 듯한 통증이 느껴졌다. 누군가는 위로받고 싶을 때 이 책을 펼치면 더 큰 상처를 받을 수도 있을 것이다. 하지만 나에겐 달랐다.

진짜 자극, 진짜 동기부여는 때때로 부드러운 말이 아니라 차가운 현실에 대한 직시에서 온다. 『시작의 기술』은 나에게 그런 책이었다.

강렬하고 직설적이면서도, 진심을 담은 채찍 같은 책. 멈춰 있던 내 마음을 다시 앞으로 밀어준 책이다.

"그 상황을 바꾸기 위한 의지가 없다면, 다시 말해 지금의 상황을 기꺼이 참고 견디겠다면, 좋든 싫든 그게 바로 당신이 선택한 삶이다."

『시작의 기술』에서 이 문장을 보고 나는 충격을 받았다. 이 책에서는 의지에 관해 반복해서 강조하고 있는데, 정말 삶을 바꿀 의지가 있다면, 지금처럼 살고 있을 이유도 없었다.

내가 평생 해온 건, 성인이 되자마자 시작한 군 생활이었다. 그게 나의 전부였다. 내가 살아온 인생 자체였고, 나는 그것이 곧 나라고 믿으며 살아왔다. 하지만 그 단단하게 믿고 있던 삶의 형태에 금이 가기 시작했다. 책을 덮고 난 뒤, 문득 이런 생각이 들었다.

"내가 정말 다른 무엇인가를 할 수 있을까?"

책은 나의 시야에 틈을 냈고, 그 틈으로 '다른 가능성'이라는 빛이 스며들기 시작했다. 지금껏 당연하게 여겼던 삶의 방향이, 사실은 많은 선택지 중 하나일 뿐이라는 걸 처음으로 깨닫게 된 순간이었다.

하지만 한편으로는 불안했다. 미지의 세계, 내가 직접 경험해 보지 않은 곳으로 발걸음을 내디딘다는 건 생각보다 훨씬 더 무섭고 두려운 일이었다. 실패에 대한 공포, 경제적인 불안정 등 합리적인 이유라는 이름 아래 나는 새로운 도전을 미뤄왔다.

사실은 알면서도 외면하고 있었다. 내 삶을 바꿔보겠다는 강한 의지가 있었다면, 나는 훨씬 일찍 지금의 삶에서 벗어나기 위해 몸부림쳤을 것이다. 하지만 그 의지가 없었다. 두려움을 똑바로 바라보지 않았고, 두려움을 껴안고 앞으로 걸어 나갈 용기도 없었다. 그래서 나는 그 자리에 멈춰 있었다. 안정이라는 이름의 울타리 안에서, 자신을 위로하며 그렇게 살고 있었다.

의지에 대한 힘을 느낀 적이 있다. 군대는 신기하게도 없는 능력도 강제로 만들어내는 곳이었다. 공수기본 훈련을 받을 때였다. 당시 나는 항시 특급 체력을 유지하고 있었고, 무엇보다 "하겠다!"라는 강한 의지가 충만했던 시기였다.

공수기본 교육을 받기 위해 입교를 하면, 체력 테스트를 본다. 모두가 특급 체력 판정을 받아야만 입교를 할 수 있다. 다행히 나는 평소에도 부단히 체력단련을 해왔기에 어렵지 않게 입교할 수 있었다. 그리고 그때부터는 지옥과도 같은 체력 훈련이 시작되었다. 아침 8시부터 저녁 17시까지, 쉬는 시간 없이 계속해서 체력단련을 한다. 땀과 열기가 한 데 섞여 숨이 턱턱 막혔고, 몸의 한계와 정신의 한계를 동시에 시험받는 시간이었다.

9시간 동안, 거의 쉬지도 못하고 매일같이 체력단련을 해야 했다. 각 기수끼리 몸을 풀기 위해 팔 벌려 높이뛰기를 했는데, 중간에 누군가 숫자를 틀리면, 처음부터 다시 시작이다. 내가 속한 기수는 760명이 넘었으므로 1,500번이 넘는 팔 벌려 높이뛰기를 하고, 그 상태에서 다시 체력단련이 이어진다. 공중에서 낙하산만 메고 뛰어내리는 작전을 수행하기 위해서는 단단한 근육보다 단단한 의지가 더 필요하다. 그래서 모든 체력을 쏟아 붓는 훈련을, 말 그대로 하늘을 뛰어내릴 수 있을 정도의 정신력으로 계속할 수밖에 없었다.

실제 헬기나 비행기를 타기 전에 모의훈련을 진행하는 날이었다. 생명줄을 걸고 와이어를 타고 뛰어내리면 되는 훈련이었다. 높이는 인간이 본능적으로 공포를 느낀다는 11미터. 같이 교육을 받은 동기들이 하나둘씩 모의훈련을 진행했다.

다행히 나는 헬기 패스트 로프 경험이 많았기에 그 높이가 특별히 무섭다고 느껴지지는 않았다. 그래서 내 차례가 되었을 때도 망설임 없이 몸을 날렸다. 하지만 그 순간에도 신기한 일이 벌어졌다. 같이 훈련받은 인원 중에서도 탈락하는 사람이 생겼다는 것이다. 즉 뛰어내리는 걸 포기했다는 뜻이다.

나는 쉽게 이해가 되지 않았다. 그 지옥 같던 체력훈련을 견디고, 고통을 이겨내며 여기까지 왔는데 막상 뛰는 바로 그 순간에 멈춘다? "왜 지금 와서 포기하는 거지?" 그런 생각이 머릿속을 가득 채웠다.

나는 그 차이를 의지의 차이라고 생각했다. 분명 우리는 모두 같은 체력훈련을 받았고, 같은 고통의 한계를 경험했다. 하지만 공중으로 몸을 던질 수 있는 사람과 그 순간 멈춰버리는 사람의 차이는 결국 의지였다.

나 스스로에게도 그렇게 되물었다.

"만약 내가 여기서 탈락한다면, 그건 곧 의지가 부족한 사람이라는 뜻이다." 수료하겠다는 굳건한 마음 없이는 이 훈련을 끝낼 수 없다. 그 어떤 이유에서든, 반드시 수료하겠다는 마음이 나에게는 있었다. 그리고 나는 알았다. 지옥 같은 훈련을 버텨낼 수 있었던 이유도, 몸이 아닌 의지 덕분이었다.

실제로 낙하산을 메고 뛰어내려야 하는 날이 다가왔다. 전날 밤은 쉽게 잠들 수 없었다. 긴장이 온몸을 감쌌다. 눈을 감아도, 하늘 위에서 낙하하는 장면이 계속해서 머릿속을 떠돌았다. 그렇게 새벽이 되어 기상한 우리는 몸의 긴장을 풀기 위해, 몇 시간을 뛰었다. 숨이 가빠지고 땀이 흥건히 젖을 때쯤, 드디어 낙하산을 받았다. 두 손으로 낙하산을 받아든 그 순간, 묵직한 무게보다 더 크게 느껴지는 건 책임감이었다.

이번엔 진짜 하늘에서 뛰어내리는 훈련이었다. 다행히 헬기나 비행기는 아니었지만 훈련용 구조물에서 뛰어내리는 방식이었다. 그래도 높이는 300미터. 지상에서 올려다볼 때는 상상하기 어려운 높이였다. 나는 대기 중이었다.

위에서 뛰어내리는 동기들의 모습을 하나하나 지켜보며, 그들의 자세와 낙하 후 반응을 눈에 새겼다.

"어떤 감정일까?"

"내 차례가 오면 나는 어떻게 할까?"

그 순간만큼은 온몸의 감각이 예민해졌고, 머릿속은 고요해졌다. 마치 세상에서 나와 하늘만 남아 존재하는 것 같은 감정이 들었다.

"나도 한 번에 뛸 수 있을까?"

지옥 같은 훈련을 버텨냈다. 수많은 이미지 트레이닝을 해왔다. 그럼에도 확신은 없었다. 몸은 준비되어 있었지만, 마음은 여전히 의문을 던지고 있었다.

"올라가서 생각하자."

아직 판단할 시점이 아니었다. 그리고 마침내, 내 차례가 다가왔다. 놀이공원에 있는 '자이로드롭'이라는 기구가 있다. 천천히 올라가다가 어느 순간 정해진 높이에 도달하면, 아무런 예고 없이 순식간에 아래로 떨어진다. 사람들이 공포를 느끼는 건, 떨어지는 순간이 아니다.

올라가는 그 순간, 자신이 얼마나 높은 곳에 있는지를 스스로 확인하는 과정이 주는 공포. 눈으로 보이고, 귓가로 스쳐가는 바람 소리가 사람을 떨게 만든다. 공수훈련도 마찬가지였다.

처음 몇 초는 자유낙하. 아무런 장치 없이 하늘에서 떨어지는 시간이다. 자이로드롭은 기계가 나를 떨어뜨린다. 내 의지와 상관없이. 하지만 이건 달랐다. 내가 직접 하늘을 향해 몸을 던져야 했다.

교관이 구령을 외쳤다. "뛰어!" 나는 바로, 훈련으로 익숙해진 동작을 취하며 허공을 향해 몸을 던졌다. 한 발자국을 내딛기 위해서는 상상 이상으로 강한 공포를 극복해야 했고, 몸 전체를 조이는 두려움을 뚫고 나가야 했다. 하지만 "반드시 수료하겠다."라는 강한 의지가, 그 모든 공포를 몰아내 주는 힘이 되었다.

그렇게 헬기, 비행기 등 수차례 공중에서 몸을 날린 끝에, 나는 끝내 수료할 수 있었다. 하지만 모든 사람이 그 순간을 통과한 것은 아니었다. 많은 동기들이 끝내 뛰지 못하고 탈락했다. 그들은 체력이 부족했던 것도, 기술이 부족했던 것도 아니었다. 단지 한 발자국을 내딛지 못했을 뿐이었다.

앞이 보이지 않는 상황. 결과를 예측할 수 없는 순간.

"낙하산은 펼쳐질까?"

"조종은 제대로 될까?"

"착지하다가 크게 다치진 않을까?"

불안과 두려움이 머릿속을 요동쳤다. 하지만 그 순간, 나를 지탱한 건 완벽한 준비가 아니라 "해보겠다!"라는 의지 하나였다. 그 한 걸음, 그 한 발짝이 나를 공중에서 몸을 던질 수 있는 사람으로 만들었다. 모든 것이 불확실했던 그 상황에서 유일하게 확실했던 건 '나는 나아갈 것이라는 결심'뿐이었다. 그 결심이 나를 앞으로 이끌었다.

인생도 결국 이와 같다. 어떤 도전을 할 때, 혹은 삶을 바꾸고 싶다는 갈망이 찾아올 때, 자신에게 묻자.
"나는 정말, 이 삶에 만족하지 못하는가?"
"그렇다면 정말 바꿀 의지가 있는가?"

단순히 바꾸고 싶다는 마음만 품은 채, 결국은 원래 하던 행동으로 돌아가고 있진 않은가? 스스로 정직하게 답해 보자. 뛰기 전까지는 누구나 공포를 느낀다. 하지만 결국 하늘을 향해 몸을 던질 수 있느냐 없느냐는 의지의 문제다.

새로운 세상으로, 새로운 삶으로 뛰어들려면 결국 '의

지'가 필요하다. 의지가 있다면, 아무리 힘들고 괴로워도 버텨내며 앞으로 나아갈 수 있다. 정말로 간절한 일이라면, 미룰 수 없다. 우리는 하루에도 몇 번씩 수많은 일을 미루지만 지금 하는 무언가가 있다면, 그건 내가 하고자 하는 의지가 있기 때문이다.

그 일이 힘들고 어려워도, 계속 손에서 놓지 않고 있다면, 그건 분명 나에게 중요한 일이다. 변화를 위해선 불편함을 겪을 각오와 의지가 필요하다. 이미 알고 있는 세상에서는 결국, 알고 있는 결과밖에 만들 수 없다. 그 익숙한 경계선 너머로 나아가려면, 자신을 밀어붙일 수 있는 '의지'가 있어야 한다.

매일 독서를 하겠다는 의지가 있었기에, 내 인생은 변화할 수 있었다. 졸음을 참고, 무거운 눈꺼풀을 억지로 끌어올리며 단 한 글자라도 더 읽으려는 나의 의지가 지금의 나를 만들었다.

읽기 위해 버티고, 배우기 위해 시간을 쪼개고, 생각하기 위해 모든 유혹으로부터 스스로를 단속했다. 그 의지 하나로, 내 삶을 새로 써 내려갈 수 있었다.

자신에게 물어봐야 한다.

"나에게 '독서를 하겠다는 의지'가 있는가? 그 책 속 누군가의 고통과 선택을 진심으로 흡수할 준비가 되었는가? 유튜브를 끄고, 넷플릭스 시청을 미루고, 잠시 취미활동을 내려놓을 각오가 되어 있는가?"

인생은 갑자기 바뀌지 않는다. 그저 멈추지 않는 꾸준한 '독서'가 내면의 지도를 바꾼다. 그 변화는 처음엔 보이지 않지만, 어느 순간 모든 선택과 말, 그리고 생각의 결에서 드러나기 시작한다.

진심으로 바꾸고 싶은가? 그렇다면 자신에게 계속해서 물어야 한다.
"나는 지금, 내 인생을 바꾸기 위한 의지를 행동으로 증명하고 있는가?"

인생을 바꾸는 데 필요한 첫 번째는 '바꾸겠다는 명확한 목표'와 '어떤 일이 생겨도 오늘 하기로 한 일을 반드시 해내겠다는 의지'다.

내가 틀렸다는 것을 증명하라

"내가 틀렸다는 것을 증명해라."

이 말은 누군가에게 나를 증명하라는 이야기가 아니다. 남들이 틀렸다고 말하는 것을 뒤집으라는 의미도 아니다. 그건 바로, 과거의 내게 직접 말하는 문장이다.

이전의 나는 수없이 많은 일에 대해 "안 될 거야", "나는 못 해.", "지금 상황에선 무리야."라는 생각을 자연스럽게 했다.

처음부터 시도조차 하지 않으면서도 미리 정해진 결과처럼 받아들이고 있었다. 내 인생의 룰rule이라도 되는 것처럼 스스로가 쳐 놓은 벽 안에서 살아가고 있었다. 하지만 시간이 지나면서 깨달았다. 그때의 내가 틀렸다는 것을, 내가 직접 증명해야 한다는 사실을.

나는 나 자신에게 물었다.

"이게 정말 너의 한계야?"
"지금의 이 상태가 네가 할 수 있는 전부야?"

그 질문에 답하기 위해 나는 행동해야 했다. 무모해 보이더라도 도전했다. 막막해 보여도 시작했다. 불안하고 두려운 상황에서도 계속 전진했다. 그 결과, 나는 과거의 내가 내렸던 결론이 틀렸다는 것을 증명할 수 있었다. 나는 할 수 없는 사람이 아니었다. 시도하지 않았던 사람일 뿐이었다. 내가 틀렸다는 걸 보여주는 건, 세상이 아니라 나 자신에게 내가 해내는 것을 보여주는 것이다.

『시작의 기술』에는 이런 말이 있다.

> "나는 경제적으로 이 계급에 속하고, 내 몸매는 이 수준'이라고 생각하기 때문에 늘 그렇게 가장 익숙한 장소에 머물게끔 스스로 행동하고 있는 건 아닐까?"

내가 할 수 있는 것은 군 생활밖에 없다고 판단했다. 그리고 그게 맞다는 것을 증명하듯 그 안에서 절대로 벗어나려고 하지 않았다. 생활할 정도의 월급 그리고 그에 맞는 삶을 적당히 영위하면서, 어떤 노력도 하지 않은 채 무의미한 시간의 흐름 속에 나를 맡겨 왔었다.

지금 돌이켜보면, 내 생각은 잘못돼 있었다. 아니, 정확히 말하면 그때의 내 생각은 틀렸다. 나를 가로막고 있던 건, 현실에 대한 의문도, 능력에 대한 근거 있는 판단도 아니었다. 단지 '내가 더 노력하지 않았기 때문'이었다.

나는 더 큰 경제적 가치를 창출할 수 있는 잠재성을 지닌 사람이었고, 책 한 권을 집필할 수 있는 역량을 충분히 가지고 있었다. 스스로 그 가능성을 전혀 인식하지 못했을 뿐이었다.

"이게 내가 유일하게 할 수 있는 일이다."

이런 믿음은 당시의 나에겐 확신에 차 있었고, 그 확신이 오히려 내 가능성의 발목을 잡았다. 의심하지 않았으니 변화할 필요도 느끼지 못했고, 결국 내 삶을 그 '틀 안'에서 만족하며 살아야만 했다.

"내가 그렇게 생각했기에 그 결과가 나왔다."

돌이켜보면 내가 스스로 만든 틀은 가장 안전하고 편안했지만 동시에 내가 앞으로 나아가지 못하게 하는 한계선이었다는 것을 깨달을 수 있었다.

"책을 읽으면 인생이 변한다고? 글을 쓰면 생산자의 삶을 살 수 있다고? 말도 안 되는 소리야. 그게 사실이라면 세상 모든 사람이 이미 성공했겠지."

맞다. 그렇게 생각하면 그렇게 된다. 그렇게 믿고 있고, 행동할 것이니까. 결국, 당신의 생각은, 당신이 직접 증명하게 될 것이다.

"봐라, 책을 읽어도 인생은 변하지 않는다. 글을 써도 나는 여전히 생산자가 아니다."

그 결과를 만들어낸 것은 책도 아니고 글도 아니다. 바로 자신이다. 우리는 매일 '내가 이기는 삶'을 살고 있다. 마음속에서 상상한 대로, 그대로 현실이 만들어지고 있기 때문이다.

"나는 성공하지 못할 거야." → 맞다. 그렇게 행동할 테니까.

"나는 다이어트에 실패할 거야." → 그렇다. 그 말에 맞춰 살아갈 테니까.

예상한 대로 되었기에, 결국 또 내가 이긴 셈이다. 사고방식은 늘 정확하다. 생각한 대로 이루어지니까. 그 생각이 틀렸다는 것을 증명하지 않으면, 그대로의 삶이 현실이 된다는 사실이다.

공수 교육에서 뛰어내리지 못해 탈락한 동기들은 이런 생각을 했을 수도 있다.

"나는 뛰어내리지 못할 거야."

"나는 실패할지도 몰라."

"이건 너무 위험해."

그렇게 생각했기에, 그 생각이 옳다는 걸 증명하기 위해 결국 뛰지 못했는지도 모른다. 스스로 그 생각에 갇힌 것이다. '나는 할 수 없다.'라는 믿음은 곧 행동의 멈춤을 낳는다. 그리고 그 멈춤은 결과를 만든다. 그 결과가 곧 "봐, 나는 역시 못했잖아."라는 자기 예언으로 완성이 되는 것이다.

나는 지금도 웹소설, 정확히는 무협 장르 작품을 연재하고 있다. 벌써 180화를 넘어섰다. 매 회마다 5,500자에서 6,000자에 이르는 분량을 써내고 있다. 처음엔 무모한 도전이라 생각했다.

"웹소설이라니, 괜찮을까?"

"나는 이 소설을 끝까지 완성할 수 있을까?"

머릿속에 의심이 스며들었지만, 나는 그 의심을 단순한 생각으로만 두지 않았다.

"할 수 있다."

그 믿음 하나로 키보드를 두드렸고, 지금도 이어지는 이야기의 흐름을 스스로 만들어가고 있다.

이 작업은 단순한 글쓰기가 아니다. "나는 못할 거야."라는 생각이 틀렸음을 증명하는 과정이다. 매 회, 매 문장 멈추지 않고 써 왔기에 나의 한계를 스스로 넘어설 수 있었다. 그리고 이 경험은 다음 단계로 나아가는 디딤돌이 되었다.

웹소설을 쓰는 사람으로 그치지 않았다. 나는 출판사를 직접 세우기로 했다. 내가 "못할 거야."라고 믿었던 일, "나는 출판을 할 수 없을거야."라는 생각조차 보기 좋게 틀렸다는 사실을 증명하기 위해 결국 행동했다. 지금, 나는 웹소설 연재를 넘어 개인의 창작 영역을 벗어나 직접 출판사를 운영하는 사람으로 거듭나고 있다.

그렇게 나는 "할 수 있다."라고 믿었다. 실제로 행동했고, 지금 이 순간도 증명의 과정을 이어가고 있다.

정해진 영역에서 벗어나지 않으면, 그 안에서만 결과를 얻게 된다. 결국, 늘 그 자리, 뻔한 결과다. 익숙하고 안전한 울타리 안에 머물면 그곳에서 나오는 성과는 예측 가능한 수준에서 끝난다. 진짜 변화는 경계 밖에서 일어난다.

내가 할 수 없다고 단정 지었던 것에 도전하고, 그것을 실현해 내는 과정을 통해서 나는 조금씩 영역을 넓혀왔다.

"이건 못할 거야."

"이건 나와는 맞지 않아."

그런 말들은 아직 가보지 않은 세계 앞에 세워놓은 장벽일 뿐이다.

지금 당신에게 묻고 싶다.

"절대 하지 못할 것 같다."라고 생각하는 것은 무엇인가? 그것을 해야 한다. 바로 거기에 변화가 숨겨져 있다. 두렵다고 피하면 아무것도 얻을 수 없고, 시작하지 않으면 배울 수 없다.

생각은 결과를 만들지 못한다. 행동만이 결과를 만든다.

"나는 못 할 거야."

그건 틀렸다. 아니, 틀렸다는 것을 반드시 증명하라. 내가 처음 작가가 되겠다고 말했을 때, 사람들은 고개를 저었다.

"절대 성공하지 못할 거야."

"작가는 아무나 되는 게 아니야."

귀가 닳도록 들었다. 그 말들이 내 가능성을 덮는 흙처럼 느껴졌다. 하지만 나는 그 흙을 하나씩 털어내며 앞으로 걸어갔다. 그리고 마침내 증명해냈다. 당신들이 말한 그 생각이 틀렸다는 것을.

나는 작가가 될 수 있는 사람이었고, 책을 집필할 수 있는 사람이었다. 나는 그 누구도 예상하지 못했던 방향으로 결과를 만들어냈다. 결과 앞에서는 말이 사라진다.

이제는 나에게 "틀렸다"고 말하는 사람은 없다.

자신을 스스로 증명해낸 사람 앞에서 말은 멈추고, 행동만이 존중받는다.

『시작의 기술』에는 이런 문장이 있다.

"우리는 늘 무언가를 증명하는 일에서 이기고 있다."

이제 증명할 차례다. 도저히 무리라고 생각했던 도전들, 환경과 주변의 말에 휘둘려 포기했던 그 일들, 하고 싶었지만 겁이 나서 미뤄두었던 모든 것들. 그 모든 것을 다시 꺼내라. 그리고 증명하라. 내가 못하리라 생각했던 그 예측이 틀렸음을. 움츠리고 있던 그 시간, 망설이고 주저하던 그 순간들이 모두 틀렸음을. 생각한 그대로 살아왔으니 앞으로도 그렇게 될 것이다. 생각을 바꾸고 행동을 바꾸고 결과를 바꿔라. 그게 인생을 바꾸는 유일한 방법이다.

생각이 아니라
행동이 나를 규정한다

생각이 아니라 행동이 인생을 규정한다. 생각은 누구나 한다. 하지만 행동으로 옮기는 사람과 그렇지 않은 사람만 존재할 뿐이다.

내가 생각했던 것들, 떠올랐던 아이디어들.

만약 그때 실천했다면? 1년 전에 떠오른 사업 아이템을 지금까지 계속하고 있었다면? 만약 그랬다면?

끝이 없다. 머릿속에선 벌써 몇 번이나 성공했다. 생각만으로는 경제적 자유도, 유명 작가도 될 수 있다. 하지만 현실은 여전히 같은 자리에 있다. 그리고 문득, 자신에게 속삭인다.

"그때 시작했더라면…."

행동은 변화의 첫 번째 계단이다. 행동해야 모든 것이

서서히 변하기 시작한다. 가만히 앉아서 내 꿈을 키워나가 봐도 변하는 것은 없다. 그리스의 철학자 헤라클레이토스 Heraclitus는 이렇게 말했다.

"누구도 같은 강물에 두 번 발을 담글 수 없다."

우리는 늘 고민 속에 시간을 흘려보낸다. 어떤 도전이 나를 어디로 데리고 갈지 알 수 없다는 불확실성은 머뭇거리게 하고, 머뭇거림은 곧 멈춤으로 이어진다.

하지만 그 사이에도 시간은 단 한순간도 멈추지 않는다. 내가 고민하는 그 순간에도, 세상은 쉬지 않고 달려간다. 그러는 사이 기회는 흘러가고, 다시는 돌아오지 않는다.

내가 지금 하려는 도전이 성공을 부를지 실패를 부를지, 아무도 장담할 수 없다. 본인 조차도 모른다. 다만 한 가지, 거의 100퍼센트 확실한 것은 있다. 실패하는 방법 그건 포기하는 것이다. 멈추고, 아무것도 하지 않는 것이다. 내가 "안 되겠다."라고 마음을 먹는 그 순간, "이건 아닌 것 같아."라며 손을 놓는 순간, 그때는 이미 100퍼센트 실패가 결정되는 순간이다.

사람들은 말한다. 실패를 두려워한다고. 하지만 진짜 두려워해야 하는 것은 시도조차 하지 않고, 아무것도 하지 않는 것이다. 내가 포기한 그 순간부터는 배우는 것도, 성장하는 것도 없다. 경험할 기회마저 놓친 채 아무것도 남지 않게 된다.

최선을 다해 목적을 향해 달려간 사람만이 얻을 수 있는 통찰과 변화가 있다. 중간에 지쳐 멈춰선 사람과 마지막까지 포기하지 않은 사람의 인생이 같을 리 없다. 인생은 방향을 결정하고, 그 방향으로 끝까지 가본 사람에게만 허락한다. 생각이 아무리 뛰어나도 행동하지 않으면 아무런 변화도 없다. 결국, 나를 규정하는 건 생각이 아니라 '행동'이다.

"언뜻 아무 일도 벌어지지 않는 것처럼 보일 때에도 분명히 무언가는 일어나고 있다. 목표를 완전히 이루지 못한 순간에도 당신은 분명히 발전하고 있다."

『시작의 기술』에서 만난 이 문장은 나에게 큰 울림을 주었다. 우리가 시작을 망설이는 건 겉으로 드러나는 변화가 없기 때문이지만 사실 진짜 변화는 그 속에서 천천히 진행

되고 있다는 사실을 기억해야 한다. 시작 그 자체가 이미 변화의 씨앗이다.

나는 이 진리를 몸소 경험했다. "나는 글을 잘 쓰지 못해."라고 생각하며 멈춰 있었다면, 지금까지 한 줄의 문장도 쓰지 못했을 것이다. "나는 책을 읽어본 적도 없고, 독서 습관이 없어."라는 생각으로 머물러 있었다면, 내 삶은 여전히 제자리였을 것이다.

하지만 나는 두려움을 선택하지 않았다. 문장이 어색해도, 독서량이 부족해도, 일단 행동부터 시작했다. 매일 글을 쓰고, 하루에 한 줄이라도, 책을 손에 들고 읽었다.

그 결과는 확연하게 달라졌다. 지금 나는 작가가 되었다. 이유는 간단하다. 행동했기 때문이다. 실천이 만들어낸 변화다. 평범한 하루가 조금씩 단단해졌다. '언젠가'라는 막연한 꿈이 '지금'과 '여기'로 바뀌었다.

당신도 마찬가지다. 생각만으로는 인생이 바뀌지 않는다.

아버지와 둘이 앉아 조용히 소주 한 잔을 기울이던 밤이었다. 오랜만에 마주 앉은 자리, 말없이 잔을 부딪치던 중 아버지가 나를 보며 조심스럽게 말을 꺼내셨다.

"사실 너를 보면 참 신기하다. 어떻게 사람이 한순간에 그렇게 바뀔 수가 있는 거냐?"

나는 잔을 내려놓고 조용히 말했다.

"한순간이라니요, 아버지. 그건 보이지 않는 곳에서 뼈를 깎는 노력이 있었기에 가능한 변화였습니다. 겉으로 보기엔 갑자기 바뀐 것처럼 보일지 모르지만, 사실은 수없이 많은 날을 절박하게 버텼고, 말만 하는 게 아니라 직접 실천으로 옮겼기에 여기까지 올 수 있었던 겁니다."

아버지는 고개를 끄덕이며 다시금 되물으셨다.

"그래…. 그런데 너는 원래 책을 읽던 애도 아니었고, 글을 써본 적도 없잖아. 그런 너였는데…."

나는 웃으며 고개를 끄덕였다.

"맞아요. 책 한 권 제대로 읽은 기억도 없고, 글은 SNS에 짧게 썼던 게 전부였죠. 하지만 그 상태를 유지하고 싶지 않았습니다. 나를 바꾸고 싶었고, 삶을 바꾸고 싶었습니다. 그래서 아무리 피곤해도, 일이 많아도, 매일 책을 읽었습니다. 그리고 매일 빠짐없이 글을 썼어요. 손끝이 저리고, 눈꺼풀이 무거워도 포기하지 않았습니다. 세상에 그냥 이뤄지는 것은 없습니다. 하루아침에 완성되는 변화도 없습니다. 하루하루 쌓아간 과정이 지금의 저를 만든 거죠."

사람들은 종종 나를 보며 말한다.

"어떻게 그렇게 갑자기 변할 수 있었어요?"

"정말 한순간에 인생이 바뀌었네요."

하지만 나는 단언할 수 있다. 그 누구도 한순간에 변하지 않는다. 보이지 않는 수많은 시도와 반복, 지독한 자기 절제와 실천이 있었기에 가능했다. 한 번도 책을 읽어본 적 없던 사람이, 글을 써본 적 없던 사람이, 심지어 작가와는 전혀 어울리지 않던 직업을 가졌던 내가 지금 이 자리에 있는 이유는 단 하나다. 나는 생각을 실천으로 옮겼고, 행동으로 미래를 바꿨다.

내가 지금 운영하는 회사인 '북크폭스'도 결국 같은 맥락에서 시작되었다. 사람들이 흔히 생각하듯, 오랜 시간 동안 치밀하게 사업을 구상하고, 계획을 세우고, 투자자를 만나고, 그런 화려한 출발은 아니었다. 아주 소소한 대화, 가벼운 술자리에서 흘러가듯 나눈 한마디가 시작이었다.

"형, 우리 회사 하나 차릴까요?"

"좋지. 한번 해보지 뭐."

대화는 그렇게 짧고 단순했다. 그리고 그 말을 다음날 바로 실천으로 옮겼다. 따로 머리를 싸매며 고민하지도 않왔고, "이게 과연 맞는 길일까?"라는 의심조차 하지 않았다. 그냥 "해보자."라는 생각 하나로 움직였다. 그렇게 시작된 회사가 바로 지금의 '북크폭스'다.

누군가 보면 준비도 없이 무모하게 시작했다고 할 수도 있다. 맞는 말이다. 하지만 나는 안다. 대부분 사람들이 '생각'은 한다. '해야지.'라는 마음은 먹는다. 그런데 그 다음이 없다. 그걸 실제로 움직이는 사람은 극히 드물다. 나는 그걸 알기에, 작은 행동이라도 시작했다.

"불확실성과 확실성, 둘 중 어느 쪽에 기대를 걸고 있습니까?"

누군가가 나에게 이렇게 묻는다면 나는 단 1초의 망설임도 없이 말할 수 있다.

"나는 불확실성에 한 표를 던집니다."

지금 내가 하는 모든 일도, 앞으로 내가 나아가야 할 모든 길도 불확실함의 연속이다. 어떤 일도 보장된 것은 없다.

하지만 나는 확실한 길만 고집하는 사람은 결국 제자리에 머물 수밖에 없다는 사실을 알고 있다. 확실한 선택지는 안정감을 주는 동시에 성장의 가능성을 빼앗는다.

인생은 누구도 예측할 수 없는 여정이다. 내일 어떤 일이 벌어질지, 어떤 기회가 어떤 얼굴로 다가올지는 누구도 알 수 없다. 하지만 그 불확실함 속에서 진짜 성장을 하게 된다. 새로운 것을 시작하려는 순간, 그 문 앞에는 항상 불확실성이 버티고 있다.

과거에 머문 사람은 미래로 나아갈 수 없다. 우리는 종종 위험부담 없는 성공을 찾아 헤맨다. 실패하지 않을 방법, 확실한 수익을 주는 아이템, 절대 망하지 않는 사업. 하지만 그런 건 존재하지 않는다. 아무리 치밀하게 계획을 세우고 열심히 준비해도 인생에서 '보장된 성공'과 같은 건 없다.

성공이란 불확실성을 견디며 뚫고 나아간 자에게만 주어지는 보상이다. 지금 내가 서 있는 이 자리는, 수많은 불확실한 선택들 속에서 한 걸음 한 걸음 걸어 나온 결과다. 실패할 수도 있고, 길을 잃을 수도 있었지만 그래도 나는 계속 걸었다. 그리고 그 속에서 얻은 깨달음은 언제나 단 하나였다.

"확실함은 편안함을 주지만, 불확실함은 성장을 안긴다."

미국 대통령 시어도어 루스벨트Theodore Roosevelt는 이렇게 말했다.

"결정의 순간이 왔을 때 최선은 옳은 일을 하는 것이다. 차선은 틀린 일을 하는 것이다. 최악은 아무것도 하지 않는 것이다."

내가 겪은 수많은 작전과 훈련, 그리고 인생의 여러 장면에서 가장 나쁜 선택은 잘못된 선택이 아니라 '선택하지 않는 것'이라는 사실을 뼛속 깊이 체감해 왔다.

사격을 할 때도 마찬가지였다. 아무리 숙련된 사수라도 모든 탄환을 표적에 명중시킬 수는 없다. 명중하거나, 빗나가거나 둘 중 하나다. 하지만 공통된 사실이 있다. 쏘지 않으면 확률은 0이다. 명중할 확률은 존재하지 않는다.

한 발의 총알은 그 사람의 결심과도 같다. 어떤 각도로 쏘느냐, 어떤 호흡과 집중력을 가지고 쏘느냐도 중요하지만, 더 중요한 건 '방아쇠를 당겼느냐?'의 여부다. 이게 곧 인생이다.

빗나가도 괜찮다. 왜냐하면, 최소한 나는 쐈기 때문이다. 실패의 위험을 감수하고 내가 가진 무기를 들어 표적을 향해 겨누어 던졌기 때문이다. 그리고 그 과정에서 배우고, 익히고, 다시 조준하는 법을 깨닫게 된 것이다.

자신이 가진 무기가 무엇인지 확인하고, 지금 당장 실행에 옮겨라.

무기를 소중히 감싸고 보관만 한다고 해서 아무 일도 일어나지 않는다. 아무리 예리한 검도 뽑지 않으면 아무 쓸모가 없다.

당신이 가진 재능, 역량, 열정, 의지 그것이 어떤 형태든 간에 지금은 조준할 시간이고, 방아쇠를 당길 시간이다. 목표를 맞추는지 아닌지는 그다음 문제다. 쏘지 않는 한, 맞출 가능성은 언제나 0퍼센트다.

이겨놓고 싸워라

『손자병법』을 처음 접하게 되었을 때는 그냥 단순히 옛날 병법 책이려니 했다. 그러나 읽을수록 생각이 달라졌다. 군 생활 경험이 있었기에 다른 사람들보다 좀 더 몰입해서 읽을 수 있었고 내용을 이해하기도 수월했다.

무엇보다 놀라웠던 점은, 이 책이 단순히 전쟁에서의 전략만을 다루는 것이 아니라는 사실이었다. 오히려 지금의 사회, 인간관계, 사업, 글쓰기와 같은 모든 현실 상황에 적용할 수 있는 '전략의 철학'에 가깝다는 생각이 들었다.

『손자병법』을 통해 얻은 가장 큰 교훈은 "이겨놓고 싸우라"는 메시지였다. 싸움을 하되 반드시 이길 수 있는 조건에서 하라는 것. 무작정 부딪히는 용기가 아닌, 철저하게 계산된 판단과 전략이라는 걸 말해 준다. 지금 내가 회사를 운영하면서도 무작정 앞서 나가지 않고 철저히 분석한 후에 다음 행동으로 옮기는 이유다.

그렇다고 해서 이 말이 행동을 옮김에 있어 주저하라는 뜻은 아니다. 오히려 나는 행동은 더 빠르게 해야 한다고 믿는다. 생각만 하면서 오래 끌고 있는 사람은 아무것도 바꿀 수 없다. 중요한 것은 실행이다.

하지만 실행했다고 해서 처음부터 완벽한 결과를 기대할 수는 없다. 그래서 필요한 것이 '수정'이다. 행동을 하되, 시행착오를 통해 끊임없이 방향을 조정하고 계획을 다듬어가야 한다는 것이다.

나 역시 단번에 무엇인가가 완성된 적은 없었다. 처음엔 단순한 아이디어였고, 막연한 열정이었다. 하지만 행동으로 옮기고, 결과를 보고, 다시 그 결과를 분석하고, 잘못된 부분을 고치고, 다시 도전하는 과정에서 나만의 방식이 생겨났다.

중요한 건 결과가 아니라 경험이고, 그 경험 위에 진짜 실행력 있는 전략이 세워진다. 결국, 싸움은 세상과 하는 것이 아니라 나와의 싸움이고, 나만의 방식과 태도를 만들어가는 과정이다. 세상과 싸우기 전에 먼저 나를 알아야 하고, 내 경험을 총동원해 전략을 짜야 한다. 빠른 실행과 유연한 조정, 그것이 바로 내가 생각하는 진짜 '실천'의 방식이다.

"이겨놓고 싸워라."

처음에는 이 말의 진정한 의미를 이해하지 못했다. 단순히 전쟁터에서나 통하는 전략쯤으로 생각했다. 하지만 이 철학이 내 삶의 중요한 무기가 된 것은 뜻밖의 경험을 통해서였다.

전역 후 나는 아버지께 작은 선물을 드리기로 했다. 바둑 AI 로봇이었다. 단순한 선물이라기보다는 오랜 시간 동안 제대로 표현하지 못했던 감사의 마음을 담은 선물이었다. 아버지의 취미를 이해하고, 어떤 방식으로 실질적인 기쁨을 드릴 수 있을지를 고민하며 선택한 선물이었다. 그리고 그 결과는 생각보다도 더 값진 것이었다.

차에 바둑 로봇을 실어 놓고 아버지께 전화를 드렸다.

"요즘도 바둑 두시나요?"

"두지…. 근데 사람이 없어서 두기 힘들어."

"그런가요? 아버지 기력이 어떻게 되세요?"

"나? 글쎄 한 5급 정도는 될 걸? 기원도 안 다녀서 정확히는 모른다."

"그럼 프로랑 매일 붙으면 실력이 늘겠네요?"

"프로가 왜 나랑 붙어 주겠어."

"알겠습니다."

얼마 후 집에 도착해 박스를 내려놓고 말씀드렸다.

"아버지, 열어보세요."

조심스럽게 박스를 여신 아버지는 눈을 크게 뜨신 채 놀라셨다.

"아니. 이건. 평소에 해보고 싶었던 건데, 우와."

"전역 기념 선물입니다."

바둑 AI 로봇을 연결하시자마자 아버지는 반짝이는 눈빛으로 바둑돌을 하나하나 조심스럽게 놓기 시작했다.

나도 모르게 얼굴에 미소가 번졌다. 사실 나는 바둑에 큰 흥미가 없었기에, 아버지가 바둑 두는 모습을 처음으로 진지하게 지켜보는 중이었다. AI는 실수를 거의 하지 않았고, 아버지는 연달아 돌을 내밀며 고심하셨다. 그러다 돌연 내뱉은 한마디가 있었다.

"아, 여기를 다 이겨놓고 위로 갔어야 했는데."

나는 그 말의 깊이를 곱씹으며 물었다.

"예? 그게 무슨 뜻이에요?"

아버지는 잠시 바둑판을 바라보시다 차분히 말했다.

"여기, 말이야. 나는 한 50퍼센트 승리를 확보한 상태에서 위쪽으로 넘어갔거든. 그런데 AI가 역전을 해버린다는 말이지. 100퍼센트 이겨놓은 뒤에야 다른 곳을 공략했어야 했어."

그렇게 바둑 기계를 선물로 드리고 나는 다시 집으로 돌아와 집필에 몰두하고 있을 때였다. 하지만 "이겨놓고 싸워라."라는 문장을 과연 어떻게 해석해야 할지 도무지 감이 잡히지 않았다. 무슨 뜻일까? 무엇을 준비하면 '이겨놓고 싸우는 것'이라 말할 수 있을까?

책을 쓰다 보면 가장 힘든 순간이 바로 이렇게 '막히는 지점'이다. 떠오르는 생각은 많은데, 정확한 언어로 풀어낼 수 없을 때, 머릿속은 복잡한데 문장은 한 줄도 써지지 않는 순간이다. 그리고 바로 그때였다. 내 머릿속을 스치듯 지나간 하나의 장면, 아버지의 말씀이었다. 나는 주저 없이 전화를 걸었다.

아버지의 말을 떠올리며 전화를 걸었다.

"아버지, 저번에 그러셨잖아요, '100퍼센트 이겨놓고 가지 않아서 졌다.'라고 했잖아요."

아버지는 한숨 섞인 목소리로 대답하셨다.

"그렇지…. 인생도 비슷하단다. 나중에 '바둑 사자성어' 같은 것도 한 번 찾아 보거라."

"예."

통화를 마치고 혼자 고민을 했지만, 약속이 있어 다른 지역으로 이동했다. 지인들과 저녁을 먹고 돌아와 방에 들어온 순간, 스마트폰에 새로운 메시지가 와 있었다.

"승부라는 영화가 있다. 바둑에 관한 건데, 한 번 보거라."

아버지가 보내준 카카오톡이었다.

"네."

나는 그대로 영화를 틀었다.

한때 바둑의 전설이라 불렸던 조훈현과 바둑 천재 이창호가 스승과 제자로서의 여정을 담은 영화는, 나에게 "이겨놓고 싸워야 한다."라는 말의 본질을 더욱 깊이 깨닫게 해 주었다. 영화 속 주옥같은 대사들이 지금도 머릿속에 울린다.

"나를 이겨놓고 싸워야 한다."

"정석을 알아야 기술도 쓸 수 있는 거야."

"배우려고 하지 말고, 이기려고 해봐."

바둑은 상대와의 단순한 대결이 아니다. 정작 싸워야 할 상대는 나 자신이며, 돌을 놓기 전에도, 놓고 난 뒤에도 반드시 의미와 명분을 품고 있어야 한다는 걸 이창호는 깨달았다. 특히 인상 깊었던 부분은 이창호가 조훈현의 가르침을 바탕으로 자신만의 방식을 찾아가는 과정이다. 전설적인 스승의 정석을 그대로 따르지 않고도.

그는 이렇게 말한다.

"선생님 말씀도 맞지만, 이렇게 하면 적어도 반 집은 제가 무조건 이기게 되니까요."

이 말은 단순한 반 집 이상의 무게를 담고 있다.

그로 인해 두 사제는 다투게 되고, 이창호는 조훈현의 집을 나오게 된다. 그리고 버스를 타고 자신의 고향으로 돌아가려던 이창호 앞에 스승님이 나타나 이렇게 이야기한다.

"바둑에는 답이 없는 건데 답을 강요하려고 했구나. 어설프게 뛰는 것보다 투박하더라도 자신의 걸음을 걷는 게 낫지."

이 장면은 영화 전체를 통틀어 가장 깊은 울림을 주는

순간이었다. 조훈현이 말한 "바둑에는 답이 없는 건데 답을 강요하려고 했구나."라는 말은 바둑을 넘어 삶 전체를 통하는 진리였다.

우리는 흔히 정답이 있다고 믿으며 살아간다. 정해진 루트, 정해진 방식, 정해진 기준을 따라야만 옳다고 착각한다.

하지만 조훈현은 깨달았다. 자신도 정답을 찾지 못한 길 위에서 제자에게 정답을 강요했다. 그래서 그는 인정했다. 어설프게 남의 길을 따라가는 것보다 투박하더라도 자기 방식으로 걷는 것이 훨씬 낫다고. 이 말은 이창호뿐 아니라 지금 도전의 기로에 서 있는 우리 모두에게 던지는 메시지였다.

나 역시 그랬다. 처음 글을 쓰기 시작할 때, 처음 사업을 구상했을 때, 내가 하는 방식이 맞는지 끝없이 흔들렸다. 남들이 알려준 정석을 따라야 할지, 내 직감을 믿고 가야 할지 수없이 고민했다. 하지만 지금 돌아보면, 정답은 없었다. 불완전하지만 내가 걸어온 나의 길이 결국 가장 나은 길이었다.

"투박하더라도 자신의 걸음을 걷는 게 낫지."

이 한마디는, 내 삶의 원칙 중 하나로 자리 잡았다. 글을 쓸 때도, 회사를 운영할 때도, 새로운 도전을 할 때도 나는 언제나 자신의 방식으로 걷는다. 그리고 그 길 위에서 매번 조금씩 더 단단해진다.

결국, 삶도 바둑도 정답은 없다. 다만 나만의 확신과 방식으로 끝까지 놓아가는 과정이 있을 뿐이다. 나 자신에게 먼저 이겨놓고 세상과 싸우러 가면 된다. 무엇이든, 자신과의 약속을 철저히 지키는 사람에게 세상은 그다지 두려운 곳이 아니다. 나는 그것을 수없이 반복된 경험을 통해 배웠다. 우리가 흔히 듣는 "이겨놓고 싸워라."라는 말, 『손자병법』에 나오는 그 유명한 구절의 진정한 본질도 결국 여기에 있는 게 아닐까?

병법이나 전략 이전에, 가장 먼저 싸워야 할 상대는 '바로 나 자신'이다. 그 싸움에서 이긴 사람은 누구와 맞서도 흔들리지 않는다.

자기 자신을 통제하고, 나약함과 게으름을 이겨내며, 매일 자신에게 한 약속을 지켜나가는 사람은 이미 가장 치열한 전장에서 승리한 셈이다. 그러니 혹시 무엇인가 도전하기 전에 두려움이 먼저 든다면, 방법을 고민하기 전에, 그 두려움의 근원이 자신과 싸움에 있다는 것을 먼저 생각하자.

자신과 싸움에서 이겨놓고 세상과 싸우러 가자 그것이야말로 모든 승리의 시작이다.

지피지기면 백전불태

　흔히들 "지피지기면 백전백승"이라고 말하지만, 정작 손자가 강조한 핵심은 다르다. 아마도 대부분 사람들이 착각하고 있는 부분일지도 모르겠다. 즉 손자는 백 번 싸워 백 번 이기는 것이 능력이 아니라 백 번 싸워도 위태롭지 않은 상태를 유지하는 것이 진정한 병법이라고 말하고 있는 것이다. 승리에만 집착하는 것이 아니라 자신의 기반과 상태를 단단히 다지는 것, 그것이야말로 전쟁에서 가장 중요한 요소라는 것이다. 싸움에 나서기 전에, 내 안의 리스크를 점검하고 위태롭게 할 요소들을 제거해 놓아야 한다. 그래야 어떤 전장에 서더라도 흔들리지 않는다.

　"내가 위태로운 상황에 놓이지 않으려면 어떻게 해야 할까?"

사업을 하면서도 늘 던졌던 질문이다. 예측할 수 없는 상황 속에서도 흔들리지 않기 위해, 나는 항상 대비하고 고민했다. 그리고 결국 그 해답을 단 하나의 문장에서 찾게 되었다.

책은 각자 따로 존재하지만, 문장들은 늘 연결되어 있다. 책을 읽으면 읽을수록 놀라운 사실을 깨닫게 된다. 즉 서로 다른 저자, 다른 시대, 다른 배경을 가진 책들임에도 모두가 같은 이야기를 하고 있다는 것. 표현만 조금 다를 뿐 핵심은 같다.

그렇다면 왜 그토록 많은 작가와 사상가들이 같은 말을 반복하고 있을까? 나는 그 이유가 바로 여기에 있다고 생각한다. 고전이든 현대 서적이든, 그 안에 담긴 진리는 시대를 초월해 적용할 수 있기 때문이다. 바뀌는 건 기술이고 환경이지 인간이 마주하는 본질적인 문제와 해답은 언제나 같다는 걸, 책이 계속해서 알려주고 있다.

"나를 구하는 유일한 길은 남을 구하려 애쓰는 것이다."

『그리스인 조르바』에 나오는 이 문장은 『손자병법』의

핵심 원칙과도 연결된다. 처음엔 이해하지 못했지만, 반복해서 읽다 보니 결국 같은 이야기를 하고 있다는 걸 알게 됐다.

손자는 전쟁에 있어 세 가지를 말한다.

첫 번째는 부전승. 싸우지 않고 이기는 것.
두 번째는 최대한 지켜가면서 싸우는 것.
세 번째는 전부 파괴하는 것.

가장 중요한 건 부전승이다. 전쟁하지 않고 이기는 게 최고의 승리다. 전쟁은 목숨이 걸린 일이다. 이길 수는 있지만, 잃어버린 생명은 되돌릴 수 없다. 그래서 손자는 군주가 감정에 휘둘리지 않아야 한다고 말한다. 분노로 전쟁을 시작한다면, 감정은 풀 수 있을지 몰라도 그 전쟁으로 목숨을 잃은 병사들은 돌아오지 않는다.

현실에서도 마찬가지다. 누군가를 미워하고, 싸우고, 화를 낼 수는 있다. 하지만 내가 내뱉은 말은 돌아오지 않는다. 감정은 식지만, 남긴 상처는 오래간다.

결국, 싸우지 않는 것. 그게 가장 지혜로운 선택이다.

두 번째는 최대한 지키면서 싸우는 것이다.

부전승할 수 없다면 결국, 싸움은 피할 수 없다. 하지만 그렇다고 해서 모든 것을 파괴하고 불태워야 한다는 뜻은 아니다. 손자는 명확히 말한다. 민간인이나 마을, 쓸 수 있는 자원은 지켜야 한다. 병사들과의 전투에 집중하라는 것이다.

전쟁은 단순한 승부가 아니라 생존이다. 적의 영토 깊숙이 들어가 싸우면 이긴다고 끝나는 게 아니다. 돌아오는 길이 불안정해지고, 물자 공급은 끊긴다. 군수기지와 자원을 마구 파괴해버리면, 나중에는 그 땅에서 아무것도 얻을 수 없게 된다. 즉 이겼지만 위태로운 상태가 된다. 승리는 유지가 되어야 진짜다. 살아남고 유지할 수 없는 승리는 결국 패배로 돌아온다.

세 번째는, 전부 파괴를 해서라도 이기는 것이다.

손자가 가장 위험하게 본 방식이다. 분명 전쟁에서 승리할 수는 있다. 하지만 그 대가로 모든 것을 잃게 된다. 민간인도 학살하고, 마을을 불태우고, 자원과 기반 시설까지 모조리 파괴한다면 결과는 분명하다. 전투에는 이겼지만, 그 땅에 남은 것은 적개심과 분노뿐이다.

살아남은 자들은 반드시 복수를 꿈꾼다. 상처를 입은 민간인들과 남은 병사들이 연합하거나 주변국과 손을 잡고 다시 반격해올 가능성은 매우 크다. 처음엔 이겼지만 결국 또 다른 전쟁을 부르고, 그 전쟁은 훨씬 더 거칠고 예측 불가능한 형태로 되돌아올 것이다. 전쟁에서 이긴 것이 끝이 아니라 새로운 위기의 시작이 되어버리는 셈이다.

손자가 경계한 것은 단순한 승리가 아니다. 그는, '위태롭지 않은 승리'를 원했다. 어떤 승리는 이후의 위험을 줄이고 더 큰 질서를 세운다. 하지만 전부 파괴한 승리는 언젠가 다시금 무너지게 된다. 파괴 속에 승리한 자는 결국, 파괴 속에 자신을 스스로 놓게 되는 것이다.

내가 『손자병법』의 책을 읽으면서 가장 놀란 점은 이 부분이었다. 손자는 백 번 싸워서 이기는 것을 중요하게 생각하지 않았다. 오히려 백 번을 싸워도 위태롭지 않은 상태를 유지하는 것을 병법의 핵심으로 삼았다. 이겨도 무너지지 않게, 승리 후에도 안전하게.

전쟁은 단순히 이기는 것이 목적이 아니라, 끝난 뒤에도 버틸 수 있어야 한다는 걸 말하고 있었다. 그리고 이 메시지는 이상하게도 『그리스인 조르바』의 문장과도 연결되었다.

"나를 구하는 유일한 길은 남을 구하려 애쓰는 것이다."

손자가 말한 민간인을 보호하고 마을을 지키라는 명령, 즉 나를 지키기 위해 타인을 지키라는 철학과도 맞닿아 있었다.

내가 처음 이 말을 읽었을 땐 그냥 멋진 말이라고 생각했다. 하지만 책을 반복해서 읽을수록 그 말이 점점 더 깊이 마음에 꽂혔다. 결국, 내가 살아남기 위해서는, 남을 먼저 살펴야 한다는 뜻이었다.

이게 세상에 정말 통하는 이야기일까? 아닐 수도 있다. 하지만 남을 위해 움직이는 사람은 길게 간다. 꾸준히, 묵묵히 자신의 자리를 지킨다. 반대로 타인을 헐뜯고 빠르게 성공하려고만 하는 사람들, 그들의 끝은 어땠는가. 분명히 좋지 않았다. 결국, 돌아오게 되어 있다. 그것이 이치다. 그래서 나는 지금도 생각한다. 싸우되 무너지지 말 것. 이기되 위태롭지 말 것.

지금 내가 운영하는 모든 일의 기반도 결국 이 원칙에

서 출발하고 있다. 적을 만들지 않는 것, 타인에게 피해를 주지 않는 것. 말은 쉽지만, 생각보다 훨씬 어려운 길이다. 내가 하는 일에 대해 시기하거나 질투하는 사람도 있었고, 어떤 방식으로든 상처를 받은 이들도 있었을 거로 생각한다.

그럼에도 나는 내 이익보다는 타인을 위한 일을 하려 애쓰고 있다. 당장 큰 성과가 보이는 것도 아니고 눈에 띄는 결과가 나오는 것도 아니지만 내가 이 길을 멈추지 않고 계속 앞으로 나아가는 이유다.

진정한 성장은, 결국 타인의 성공을 대하는 내 마음속에서 드러난다. 내가 이룬 성과에 도취하는 것이 아니라 나와 함께한 사람이 먼저 성공했을 때 그 누구보다 먼저 손뼉을 치며 진심으로 기뻐할 수 있는지가 바로 내가 어디까지 성장했는지를 알려주는 지표다.

나의 성공보다 더 값진 순간은, 내가 아는 누군가가 더 좋은 결과를 이뤘을 때, 그것을 질투하거나 비교하지 않고 그 사람의 성장을 마치 나의 일처럼 기뻐할 수 있을 때다. 그 순간, 나 자신을 돌아보게 된다. 예전 같았으면 불편했을 마음인데, 이제는 웃으며 축하해 줄 수 있다는 사실 하나만으로도 나는 지금 성장하고 있다는 걸 느낀다.

그렇기에 나는 매일같이 세상을 관찰하고 나 자신을 점검한다. 어떤 흐름이 지나가고 있는지, 그 흐름 안에서 나는 어떤 자세를 취하고 있는지, 그리고 내가 향하는 방향은 시대의 흐름과 충돌하지 않는지를 되묻는다. 이 과정은 단지 경쟁에서 살아남기 위한 수단이 아니다. 타인에게 피해를 주지 않으면서도 나의 자리에서 최선을 다해 살아가기 위한 하나의 철학이자 태도다.

결국, 인생은 싸움이 아니라 조율의 연속이다. 내가 무엇을 할 수 있는지 아는 것, 그리고 지금 무엇을 해야 하는지 판단하는 힘. 이 모든 것은 스스로와 끊임없이 대화를 나누는 사람만이 가질 수 있다. 나 자신과 싸우지 않고는 세상과 싸울 수 없다. 철저하게 준비된 사람만이 불확실한 세상에서 방향을 잃지 않고 걸어갈 수 있다.

'지피지기 知彼知己!'
세상이 어떻게 움직이고 있는지, 사람들은 무엇에 관심을 두고 있는지, 트렌드는 어디로 향하고 있는지를 늘 민감하게 살피며 앞으로 나아가고자 한다. 그 흐름을 파악하고 읽는 일은 선택이 아닌 생존의 조건이 되었다.

내가 하고자 하는 일이 직면할 수 있는 난관은 무엇인지, 지금의 환경은 어떤 방향으로 나를 시험할 것인지, 그리고 내가 쥐고 있는 무기는 무엇인지 철저하게 파악하고 전략을 세운다.

정보는 무기다. 정보가 있어야 대응할 수 있고, 예측할 수 있으며, 버텨낼 수 있다. 무턱대고 부딪치는 것이 용기가 아니듯, 무기 없이 전장에 나서는 것이 도전일 수 없다. 나를 지키고 타인을 다치게 하지 않기 위해서라도, 나는 반드시 알아야 한다. 그리고 준비해야 한다.

'백전불태百戰不殆!'

백 번을 싸워도, 한 번도 위태롭지 않다. 이기는 것보다 중요한 건 애초에 위험에 빠지지 않는 것이다. 위험을 감수하는 싸움이 아니라 위험을 제거하는 싸움. 그것이 바로 백전불태의 본질이다. 강한 자가 이기는 것이 아니라 위태롭지 않은 자가 이긴다. 이것이 진짜 완전한 승리다.

바빠서 할 시간이 없다

"바쁘다." 누구나 입에 달고 사는 말이다. 가장 흔한 말이자, 가장 완벽한 변명.

현대를 살아가는 거의 모든 이들이 똑같이 말한다.

"바빠서 시간이 없어."

내가 바라는 꿈을 가장 멀리 밀어내는 말이기도 하다. 지금까지, 당신은 얼마나 많은 중요한 일을 '바빠서'라는 이유로 미뤄왔는가? 주위를 돌아보면, 바쁘지 않은 사람이 있는가?

누구나 각자의 자리에서 무언가를 해내느라 분주하다. 바쁜 건 당연한 일상이고 삶의 기본 조건이다. 그렇기에 바쁘다는 게 더는 정당한 이유가 될 수 없다. 꿈을 이뤄내는 사람들을 보면, 우리만큼, 어쩌면 더 바쁘다. 하지만 그들은 시간이 '남아서'가 아니라 시간을 '내서' 꿈을 향해 걸어간다. 그 차이가, 결국 인생의 차이를 만든다. 바쁜 사람과 바쁜 와중에도 실천하는 사람. 둘 다 바쁘지만, 결과는 전혀 다르다.

팀 페리스는 『지금 하지 않으면 언제 하겠는가?』에서 이렇게 말하고 있다.

"우리는 결국 자신이 하고 싶은 일을 가장 많이 한다. 너무 바빠서 어떤 일을 못하겠다는 말은 '그 일은 별로 중요하지 않다'라는 뜻이다."

나도 다르지 않았다. '바쁘다'라는 말을 핑계 삼아, 지금껏 정말 중요한 일들을 미뤄왔다. 지금 당장 할 수 있었음에도, 눈앞에 더 중요해 보이는 일들에만 집중해 왔다. 정작 내 인생에서 정말 필요한 일, 즉 운동, 독서, 글쓰기 같은 것들은 늘 '나중에 해도 된다.'라는 생각 속에 후순위로 밀려났다. 왜일까?

언제든 할 수 있는 일은 지금 하지 않아도 된다고 믿고 있었던 것 같다. 그 생각은 아주 교묘하게 나를 속이고 있었다. 운동은 늘 '이번 주말에', 독서는 '다음 휴일에', 글쓰기는 '조금 더 여유가 생기면' 하기로 미뤄졌다.

현실적인 이유도 분명 있었다. 경제적인 문제는 우선순위의 최전선에 있었고, 온종일 일한 후 퇴근하고 나면 당장 피로를 잊게 해 주는 자극적인 콘텐츠들이 너무 쉽게 내 하루의 마지막을 차지해버렸다. 그렇게 나는, 할 수 있었음에도 하지 않았고, 할 필요가 있었음에도 외면해왔다.

우리의 뇌는 언제나 당장 욕구를 채워주는 일에 더 민감하게 반응한다. 피곤한 하루를 마치고 퇴근할 때면 어김없이 이런 생각이 떠오른다.

"오늘 온종일 일했는데, 운동까지 해야 해?"

반대로 아침에 일찍 눈을 뜨면, "지금 푹 쉬어 둬야지. 출근하면 쉬지 못하니까."

공부에 대해서는 더 단호하다.

"학생 때 내내 공부했잖아. 지금은 그게 내 삶의 본질은 아니잖아?"

이런 생각들은 마치 나를 아껴주는 말처럼 들렸지만, 결국은 달콤한 유혹이었다.

그 유혹 앞에서 나는 단 한 번도 이기지 못했고 항상 나 자신에게 설득당하고 말았다. 그 모든 순간마다, 자신과 동조하듯 "그래, 오늘은 너무 바빴으니까."라는 말로 스스로와 타협했다. 합리화는 그럴듯했고, 나는 그 속에서 지금의 안락함과 장기적인 목표 사이의 싸움에서 늘 첫 번째 손을 들어 주었다.

그렇게 나는 하루하루, 나에게 주어진 과제를 해결하느라 바쁘게 지냈다. 매일 뭔가를 해내고 있었지만, 내 삶은 좀처럼 달라지지 않았다. 성장도 없었고, 앞으로 나아가는 감각도 없었다. 생각해 보면, 그건 너무도 당연한 결과였다.

내가 주도해서 선택한 일이 아니라 누군가가 내게 맡긴 일을 처리하느라 시간을 썼기 때문이다. 게다가 나는 그 와중에도 휴식을 최우선 순위에 두었다. 일을 마치면 당연히 쉬어야 한다고 믿었고, 그렇게 하루는 나를 위한 시간 없이 흘러가 버렸다.

그러다 문득 깨달았다. '자신의 삶을 주도하지 못하는 사람들의 공통점' 그건 바로 '내 모습'이었다. 내가 바쁘다고 말하면서도 정작 중요한 일은 뒤로 미뤘고, 내가 정말 원하는 삶은 한 번도 살아보지 않았다는 걸.

시간이 조금만 생기면 어김없이 유튜브를 보거나 웹툰을 읽고 있었다. 그 순간마다 나는 이렇게 생각했다.

"지금 잠깐 여유가 생겼으니, 그동안 누리지 못했던 즐거움을 얼른 챙겨야지."

대부분의 남는 시간은 짧고 빠른 보상, 즉각적인 즐거움으로 채워졌다.

"오늘 게임 레이드 있는 날인데?"

"오늘은 쉬자. 선후배들이랑 맥주나 한잔해야지. 오늘 고생했잖아."

단 하루도 예외 없이 그런 식으로 십여 년이 흘렀다. 그 오랜 시간 동안 나는 항상 같은 결론에 도달했다. 주변을 둘러보고 나서, 확신에 찬 얼굴로 자신에게 말했다.

"괜찮아. 나만 그런 게 아니니까."

그 말은 나를 위로했지만, 동시에 세상과 타협하게 했다. 그렇게 조금씩, 내 삶은 한 걸음도 앞으로 나아가지 못한 채 제자리에, 아니 시간이 흐를수록 더 뒤로 밀려나고 있었다.

그러던 중, 한 문장을 마주했다. 『지금 하지 않으면 언제 하겠는가?』의 한 구절이었다.

> "정말 눈코 뜰 새 없이 바쁘다 하더라도 지금 하지 않으면 안 되는 일들을 방해해서는 안 된다. 그렇지 않으면 우리는 성공할 시간도, 행복할 시간도, 내 인생을 살아갈 시간도 내지 못한다."

순간, 소름이 돋았다. 마치 내 모든 미루기의 정당화가 단번에 무너져 내리는 느낌이었다. 그동안 내가 미뤄왔던 수많은 중요한 일들 그건 바빠서 못한 게 아니었다. 나는 항상 지금의 욕구를 가장 먼저 채우는 삶을 선택해왔을 뿐이었다.

이 문장을 읽으며 생각했다.

나는 그동안, 정작 중요한 일들은 미뤄둔 채 무엇을 하며 시간을 보내고 있었는가? 게임을 하고, 맥주 한 잔에 하루를 덮고, 영화 한 편으로 위안으로 삼았다.

그런데 문득 이런 질문이 떠올랐다.

"이 일들을 계속한다고 해서, 정말 내 인생이 바뀌긴 할까?"

"지금 이대로도 괜찮다고 자신을 속이면서, 나는 내일이 달라지기를 막연히 바라고 있었던 건 아닐까?"

내 인생을 살아갈 시간도 주어지지 않는다. 곰곰이 생각했다. 무슨 뜻일까? 다른 사람과 마찬가지로 나는 출근과

퇴근을 하고 경제적인 부분을 해결하고 있었는데, 그게 아니라는 뜻일까? 아니면 퇴근해서 하는 모든 행동이 나의 인생이 아니라는 것일까?

그랬다. 나는 게임을 하기 위해서, 맥주 한 잔에 웃기 위해서, 영화를 보며 깔깔대기 위해 살아가는 존재가 아니었다. 그리고 더 나아가, 누군가가 내게 던져준 과제를 해결하기 위해 하루하루를 소모하며 살아가는 것도 아니었다.

내 인생은, 내가 좋아하고 잘하는 일을 하면서 시간 또한 스스로 다스릴 수 있는 그런 삶이 되어야 했다. 그게 바로 내가 원하는 삶이었다. 그런데 지금까지 나는 그 사실을 제대로 인식하지 못하고 있었다. 너무도 자연스럽게 가장 무섭고도 안전한 그 말에 길들여져 있었다.

"남들처럼만 살면 돼."

주변 모든 사람이 그렇게 말했고, 나 역시 그 말이 주는 안도감에 자신을 맡기고 있었다. 그러던 어느 날, 책을 읽다가 문득 깨달았다.

'내 삶의 주어가 언제부터 '남들처럼'이 되어 있었지?'

그 질문 하나가 나를 멈춰 세웠다. 내가 살아온 삶은 '나답게'가 아닌, '남들처럼' 살아온 삶이었다. 남들이 가는 길을 따라 걸으며 그 흐름에 휩쓸려 바쁘게 살아가고 있었다. 그러니 당연히 하루하루가 바빴고, 지쳐갔다. 그건 '내 삶'이 아닌 '남의 기준에 맞춘 삶'이었기 때문이다.

나는 매일 바쁜 이유를 알게 되었다. 그건 내가 삶의 주체가 되어 시간을 설계한 것이 아니라 남들이 정해준 시간을 그대로 따라 쓰고 있었기 때문이었다. 그래서 나는 늘 바빴지만 나를 위한 것이 아니었다.

주어진 시간을 내가 올바르게 사용하지 않으면, 날마다 아무리 열심히 살아도 삶은 방향 없이 흘러갈 뿐이다. 물론 정말 바쁠 수 있다. 하지만 그 와중에도 나를 위한 시간을 조금씩이라도 내는 사람은, 언젠가 자신만의 시간을 살아갈 수 있는 삶을 얻는다.

그래서 나는 자신에게 묻는다. 나는 정말 바쁜가? 아니면 '바쁘다.'라는 말을 핑계 삼아, 중요한 일을 뒤로 미룬 채 중요하지 않은 일들로 하루를 채우고 있는 건 아닐까? 어쩌면 바쁘다는 말은 진짜 이유를 감추기 위한 완벽한 자기 합리화일지도 모른다. 진짜 바쁨이 아닌, 바쁜 척하며 살아가는 나의 습관이 문제였던 것은 아닐까?

나아가려면 뒷발을 떼라

당신은 지금, 어디에 있는가? 정말 앞으로 가고 있는가? 아니면, 여전히 과거에 한 쪽 발을 걸친 채 앞으로 나아갈 생각조차 하지 못하고 있는가? 인생에서 가능한 선택은 단 두 가지뿐이다. 무언가를 실행하거나, 아무것도 하지 않거나.

자신만의 사업을 꿈꾸는 사람도 있고, 지금의 자리를 떠나 평소에 품고 있던 꿈에 도전하고 싶어 하는 사람도 있다. 그런데 대개 '생각하는 것'에서 멈춘다. 결심은 있으나 행동이 없다.

"안전한 길이 가장 위험한 길이다."

이 말이 점점 더 실감 나게 느껴진다. 출근하고, 퇴근하고, 다시 출근한다. 그 반복되는 루틴 속에 묻혀 살아간다.

물론, 그 자체가 잘못된 것은 아니다. 현실에서 경제적 안정은 분명 중요한 요소다. 우리는 생계를 무시하고 살 수 없다.

하지만 문제는, 안정을 이유로 '원하는 삶'이 아닌 '버티는 삶'만을 선택하게 될 때 발생한다. 그 선택이 반복되면 결국 남의 삶을 살고 있는 것처럼 느껴지게 된다.

나 역시 그랬다. 앞으로 나아간다는 것은 곧, 그동안 내가 쌓아온 많은 것들을 내려놓는 일이기도 했다. 안정적인 월급, 사회적 인정을 받던 위치, 십여 년간의 군 생활에서 쌓아온 경험들, 선·후배들과의 끈끈한 인연, 그리고 언젠가 받을 수 있는 평생 수령하는 군인연금까지. 이 모든 것이 내 발목을 붙잡고 있는 뒷발이었다.

그 뒷발을 떼지 않고서는 나는 앞으로 나아갈 수 없었다. 그리고 앞발에는 분명히 내가 간절히 원하던 삶이 있었다. 누구의 지시도 받지 않는, 온전히 나만의 시간 속에서 살아가는 삶. 책을 읽고, 글을 쓰고, 내 이름으로 책을 집필하며 다양한 사람들과 깊은 대화를 나누는 삶. 세상의 흐름이 아닌, 나의 호흡에 따라 움직이는 세계 속에서 자신을 스스로 넓혀가는 삶. 그 삶이 나를 끌고 있었지만, 나는 여전히 한쪽 발을 과거에 걸친 채 망설이고 있었다.

"생각해 보라 얼마나 많은 순간, 앞으로 한 걸음도 나가지 못한 채 앞발과 뒷발 사이에 눌러앉아 있었던가를. 평범한 삶에 한 발을, 가보지 못한 삶에 한 발을 걸친 채 오도 가도 못하며 얼마나 많은 시간을 그저 물끄러미 보냈는가를."

『지금 하지 않으면 언제 하겠는가?』의 한 구절이다.

나는 책 속의 이 문장을 보며 눈을 감았다. 그리고 오랫동안 생각에 잠겼다.

맞는 말이었다. 하고 싶은 일이 있다는 것을 오래전부터 알고 있었다. 그런데도 나아가지 못했다. 뒤로 돌아가 군 생활에 전념한 것도 아니었다. 그렇다고 앞으로 나간 것도 아니었다. 내가 살고 싶은 인생을 바라보기만 하면서, 현실이라는 이름의 안락함 속에 주저앉아 있었다.

그 순간 깨달았다. 나를 붙잡고 있었던 건 다름 아닌 '안전함'이라는 이름의 사슬이었다. 안정적인 월급, 익숙한 루틴, 예측 가능한 미래, 이 모든 것이 나에게 굳이 도전하지 않아도 된다고 속삭이고 있었다. 그 결과, 나는 14년이라는 긴 시간을 그 어떤 전진도, 후퇴도 없이 오직 '그 자리에 머문 채' 살아가고 있었다.

그렇게 현실에 묶여 살아가던 내가 처음으로 꺼낸 말이 있었다. "나는 작가가 되겠다."

진심으로 작가가 되어야겠다고 결심했다. 그리고 그 결심을, 용기를 내서 주변 사람들에게 이야기했다. 하지만 돌아오는 반응은 차가웠다. 그 누구도 "너라면 할 수 있어."라고 말해 주지 않았다. 오히려 의심과 회의, 침묵과 반대가 먼저 다가왔다.

정말 놀라운 일은, 내가 막연히 느끼고 있던 감정과 고민이 책 속 문장 하나에 정확히 설명되어 있었다는 점이었다. 그 문장을 읽는 순간, 내가 왜 외부의 반대에 상처받고 주저하고 있었는지를 정확히 이해할 수 있게 되었다.

그 길을 먼저 걸어간 누군가가 "반대가 왜 일어나는지, 어떤 심리에서 비롯되는지"를 또박또박 말해 주고 있었다. 그 문장을 통해, 나는 처음으로 확신을 가질 수 있었다.

"내가 가고자 하는 길이 이상한 게 아니라 그저 남들과 다를 뿐이구나."

만약 책을 읽지 않았다면 나 역시 어쩌면 반대하는 사람들의 목소리에 끌려 끝내 앞으로 나아가지 못했을지도 모른다.

"누구든 사회 경력이 어느 정도 쌓이면 지지자와 조언자가 생겨난다. 그리고 그들은 늘 당신에게 이렇게 말할 것이다. '~을 하지 마라. 하지 말라'는 조언은 안전을 추구하기 때문에 당신을 무명으로 만든다."

『지금 하지 않으면 언제 하겠는가?』에서 만난 문장이다. 소름이 돋았다. 마치 내 마음을 들여다본 듯 왜 사람들이 반대하는지, 왜 유독 나에게만 "하지 말라"고 말하는지를 정확하게 설명해 주고 있었다. 그 순간, 나는 부모님이 나의 도전을 반대하는 그 이유를 처음으로 이해하게 되었다.

"~하지 말라."라는 말은 결국 그들이 '안전'을 추구하기 때문이었다. 나를 위한다는 이유로, 더 안전한 길로 이끌려는 조언이었다. 신기한 건 그들 역시 그 길을 한 번도 가본 적이 없다는 사실이었다. 그런데도 마치 '실패'가 예정된 결과인 것처럼 단정 지어 말한다.

그때 나는 한 가지를 깨달았다. 내가 꿈꾸는 목표가 독창적이고 독특할수록 그에 대한 반대는 더욱 거세진다는 사실을.

왜 그럴까? 단순히 내가 실패할까봐 걱정했던 걸까? 아니었다. 내가 하려는 일, 내가 선택하려는 길이 그들의 세상을 불편하게 만들기 때문이다.

내가 자신들이 익숙한 경계 너머로 나아가려는 순간, 그들은 자신들이 안정감을 느끼는 틀이 깨질지도 모른다는 막연한 불안을 느낀 것이다. 그래서 무의식적으로 나를 자신들의 삶으로 끌어내리려 하는 것이다.

안정이라는 이름의 껍질 안에서, 작가가 되겠다는 나의 꿈은 단순한 도전이 아니라 자신들의 '기준'을 위협하는 선언처럼 보였을지도 모른다. 그건 조언이라기보다는 불확실함에 대한 본능적인 거부감이었다. 나를 향한 걱정이자, 어쩌면 자신들이 선택하지 못했던 삶을 마주하고 싶지 않은 감정이기도 했다

그들의 반응들을 보며, 나는 오히려 확신할 수 있었다. 이 길은 아무나 갈 수 있는 길이 아니며, 그렇기에 내가 택한 도전은 더욱 의미 있는 일이라는 것을. 그 깨달음은, 내가 앞으로 나아갈 수 있는 용기와 정당성이 되었다. 이제는 선택해야 했다. 그 자리에 머물 것인가, 아니면 위로 올라갈 것인가. 그 결정은 오직 나만이 내릴 수 있는 문제였다. 그 누구도 대신해 줄 수 없는 내 인생의 방향에 관한

근본적인 선택이었다.

그리고 나는 알게 되었다. 앞으로 나아가려면, 반드시 뒷발을 떼야 한다는 것을.

우리는 흔히 앞으로 가겠다고 말하지만, 사실 한 발은 여전히 과거에 고정된 채 움직이지 않는다. 그 뒷발에는 익숙한 환경이나 안정된 일상만이 아니라 남들이 해온 말, 끊임없이 반복하는 부정적인 언어들까지 포함되어 있다.

"그건 위험해."

"그건 불확실해."

"그건 너와는 안 맞아."

뒤에서 아주 걱정스러운 표정으로 앞으로 나아가는 것을 붙잡으려 한다. 그 손을 뿌리치고 나아가야 한다. 내가 정말 원하는 삶을 살기 위해서는 때로는 지금까지 쌓아온 것들을 과감히 놓아야 한다.

뒷발을 고정한 채 앞발만 앞으로 내디딘다면, 곧 한계를 느끼게 된다. 균형도 흐트러지고, 전진도 멈춘다. 중요한 건, '앞으로 나아가겠다.'라는 다짐보다 '이제 뒷발을 떼겠다.'라는 결심이다. 포기할 각오가 있을 만큼 간절한 꿈이 있다면, 더는 주변의 목소리에 휘둘릴 필요가 없다.

눈에 보이지 않는 한계를 그어놓고, 그 안에 머물라고 조언하는 말은 들을 필요 없다. 그건 조언이 아니라 두려움의 전달일 뿐이다. 무시해도 된다. 생각해야 할 부분은 지금 내가 앞으로 나아갈 마음이 있는가? 그리고 그 마음을 실제 행동으로 옮길 수 있는 의지를 내 안에 지니고 있는가? 하는 것이다.

우리는 종종 내일을 기다리지만, 시간은 한정된 자원이다. 오늘이, 지금 이 순간이 당신 인생에서 가장 빠르고, 가장 젊은 날이다. 결심했다면 그 다음 순서는 단순하다. 생각보다 어렵지 않다. 내가 원하는 곳을 바라보고 한 발 앞으로 내디디면 된다.

그 순간, 자연스럽게 뒷발은 떼어지게 되어 있다. 스스로 앞으로 가지 않으면 누구도 밀어주지 않는다. 선택은 언제나 본인의 몫이다. 변화 없는 안락한 불행을 택할 것인가. 아니면 불확실하지만 가능성 있는 미래를 선택할 것인가. 그 갈림길은 언제나 지금, 이 순간에 있다.

5장

스스로 길을 개척하라

당신만의 메시지를 세상에 퍼트려라

시대가 변할수록, 오프라인보다 온라인의 수요는 점점 더 커지고 있다. 단순한 트렌드를 넘어서, 영향력을 발휘할 수 있는 공간 자체가 이제는 물리적인 현실보다 디지털 세계에 더 많이 존재하게 된 것이다.

세상이 달라졌다면, 내가 살아가는 방식도 달라져야 한다. 실제로 유튜버, 인플루언서, 인스타그래머, 틱톡커, 스레더 등 온라인에서 많은 팔로워를 보유한 이들은 그 자체로 콘텐츠 사업자가 되어가고 있다. 그들은 자신의 관심사와 능력을 디지털 플랫폼이라는 무대 위에서 확장해 개인 브랜드와 수익을 동시에 만들어내고 있다. 결과적으로 일반적인 고정 수입을 가진 사람들보다 훨씬 더 유연하고 높은 수준의 경제적 자유를 누리고 있다.

평범한 사람도 인플루언서가 될 수 있을까? 예전의 나는 아주 먼 이야기라고 생각했다. 하지만 지금의 나는 다르다. 수많은 SNS 플랫폼에서 활동하며 10만 팔로워를 가진 사람이 되었다. 블로그, 인스타그램, 스레드, 유튜브, 트위터, 브런치 등 글을 통해 나의 이야기를 전할 수 있는 모든 공간에서 꾸준히 나만의 메시지를 전하고 있다. 그리고 그 메시지를 들은 사람들은 점점 '나'라는 사람을 중심으로 모이기 시작했다.

이 시대에 '팬덤'을 만든다는 것은 단순한 유행이 아니다. 지금의 사회에서는, 반드시 필요한 생존 전략이다. 특히, AI의 등장으로 인해 세상은 이전보다 훨씬 더 빠르게 변하고 있다. 수많은 직업이 사라지고, 또 많은 일이 기계로 대체되고 있다. 그렇기 때문에, 이 시대를 살아남기 위해서는 '나만이 할 수 있는 일'을 반드시 찾아야 한다. AI는 지식은 알려줄 수 있지만 삶에서 우러나온 진짜 이야기를 대신해서 해 줄 수는 없다.

"지금 이 사회는 당신의 메시지를 절실히 필요로 하고 있을지 모른다."

자기계발 분야 베스트셀러 작가인 브렌든 버처드Brendon Burchard가 쓴 『백만장자 메신저』의 메시지다.

하지만 대부분의 사람들은 이렇게 생각하기 쉽다.

"내 경험과 내 인생에서의 깨달음이 과연 다른 사람들에게도 필요한 걸까?"

하지만 내 경험상, 그 대답은 분명히 "반드시 있다."이다. 신기한 건 내가 "이건 별 의미가 없을지도 몰라." 하고 쓴 이야기조차도 누군가에게는 크나큰 위로와 동기부여가 될 수 있다는 사실이다.

처음엔 나 자신을 북돋우기 위해 블로그에 글을 썼다. 기록이라기보다 자신을 일으켜 세우기 위한 내면의 대화였다. 그런데 어느 날, 나는 블로그의 댓글들을 보고 깜짝 놀랐다.

"덕분에 용기를 얻었습니다."

"이 글을 읽고 결정을 내릴 수 있었습니다."

"북크님의 글을 보면서 저도 인생이 바뀌고 있어요."

이 말들은 나에게 말해 주고 있었다. "당신의 이야기를 보고 있는 사람이 분명히 있다."라고. 그리고 그 존재는 내가 글을 쓰는 이유를 다시 되새기게 했다. 내 이야기에도 충분히 가치가 있다는 것.

책을 집필하는 일도 마찬가지다. 나는 매일 글을 쓴다. 글은 단지 텍스트가 아니라 내가 전하고 싶은 메시지를 책이라는 매개체를 통해 세상에 알리고자 하는 마음의 표현이다. 내가 살아온 이야기, 그 안에서 얻은 경험과 깨달음이 누군가에게 작은 위로나 용기, 혹은 나침반이 되어주기를 바라는 마음.

그 바람 하나로, 나는 계속해서 글을 쓴다. 단 한 사람이라도 내 이야기에 귀 기울일 수 있다면, 그것만으로도 책을 쓰는 이유는 충분하다. 그리고 나는 믿는다. 진정성 있는 글은 빠르게 퍼지지 않을 수는 있어도 시간이 지나면 누군가의 마음속에서 자신만의 의미로 다시 열리게 된다는 걸.

나 역시 책을 읽으면서 "글을 쓴다는 건 어떤 감정일까?" 하는 마음을 자주 느꼈다. 세상에는 자신의 목소리를 내고 싶어 하는 사람들이 많다. 그러나 안타깝게도, 실제로 시작하는 사람은 극소수다. 주변 사람들에게 "한 번 글을 써보라."라고 권한 적이 여러 번 있다. 하지만 정작 글을 쓰는 사람은 드물었고, 그마저도 얼마 지나지 않아 포기하곤 했다.

그 이유는 대부분 비슷하다.

"읽는 사람이 없으니까."

"이게 무슨 의미가 있을까?"

그런 생각이 마음속에 자리를 잡으면, 글은 더 이어지지 않는다. 나도 처음에는 그랬다. 하지만 그럴수록 더 분명히 깨달아야 했다. 글은 '많이 읽히는가.'보다 '자신의 이야기를 쓰고 있는가.' 하는 점이 더 중요하다.

각자의 경험은 모두 다르고 인생 스토리 역시 고유하다. 설령 비슷한 상황을 겪었다 하더라도 사람마다 느끼는 감정은 다를 수밖에 없다. 그 차이는 바로 '관점'에서 비롯된다. 결국, 인생은 누구도 완전히 똑같을 수 없는 단 하나의 서사로 존재한다.

책도 마찬가지다. 같은 문장을 읽더라도 사람마다 느끼는 감정, 받아들이는 의미는 전혀 다르다. 누가 어떤 식으로 해석할지, 어떤 문장에 마음을 빼앗길지는 그 누구도 예측할 수 없다. 그래서 나는 믿는다. 내 이야기가 누군가에게는 꼭 필요한 하나의 문장이 될 수 있다는 것을. 그렇기에 계속해서 나의 이야기를 세상에 전해야만 한다.

나는 요즘 다양한 모임에 참여하고 있다. 작가들을 만나기도 하고, 블로그를 열심히 운영하는 사람들과도 교류한다. 어느 날, 그런 모임 중 하나에서 나를 알고 있다는 분들과 함께 간단한 저녁 식사를 하게 되었다.

그분은 내 앞에 앉아 조심스럽게 말을 꺼냈다.

"저 사실, 북크북크님 블로그 100명 팔로워 시절부터 글을 꾸준히 읽고 있었어요. 그런데 이렇게 성장하다니 정말 대단하세요."

나는 놀라서 되물었다. "100명일 때부터요?" 그 말이 믿기지 않았다. 지금은 그나마 글을 조금 더 길고, 정리해서 쓸 수 있게 되었고, 포스팅의 구조나 문체도 조금은 익숙해졌다. 하지만 그때는 아니었다. 초기엔 정말 형편없이, 짧고 방향성 없는 글들을 그저 '쓴다'는 이유 하나만으로 매일 올렸다.

그 글들에서 큰 인사이트를 얻기란 어려웠을 것이다. 그런데도 누군가는 내 글을, 그 부족했던 글을 매일같이 읽어주고 있었던 것이다. 그 순간, 나는 한 가지를 분명히 깨달았다.

"보이지 않았을 뿐 누군가는 늘 나의 글을 지켜보고 있었다."

그리고 더 놀라운 사실은, 그 누군가는 내가 성장하는 과정 속에서 늘 곁에서 말없이 함께해 주었다는 것이다..

시간이 조금 지나자, 그분은 조심스럽게 고민을 털어놓으셨다.

"사실 저도 매일 글을 쓰고 있거든요. 그런데 잘 모르겠어요. 누가 보기나 하는 건지. 방문자도 적고, 이웃도 거의 없어서요."

나는 웃으면서, 조금 전 그분이 했던 말을 다시 되짚어 드렸다.

"방금 저한테 뭐라고 하셨죠? 100명일 때부터 제 글을 읽고 계셨다고 하셨잖아요."

그분은 살짝 미소 지으며 고개를 끄덕였다.

"네, 맞아요."

"그러면 그냥 계속 쓰시면 돼요. 자신만의 메시지를, 매일 글로 써보세요. 저도 몰랐어요. 100명일 때부터 제 글을 보고 있는 분이 있다는 걸요. 그런데 이웃분이 그 증거잖아요. 그때도 누군가는, 조용히 제 글을 읽고 있었던 거예요."

그분은 잠시 멈춰 생각하더니, 마치 뭔가를 깨달은 듯 고개를 끄덕이며 말했다.

"그러네요. 제가 북크님 글을 그렇게 오래전부터 보고 있었으니, 제 글도 누군가는 보고 있을 수도 있겠네요."

"네. 분명 누군가는 지금도, 이웃님의 글을 읽고 있을 거예요."

글을 쓴다는 것은, 내 목소리를 세상에 계속해서 전하는 일이다. 그리고 그 메시지는 천천히 퍼질지라도, 어딘가에서 누군가에게 도달하게 된다. 그런 시간의 축적이 오늘의 나를 만들어 주었다. 남의 글이 부러웠던 적도 많았고, 생각보다 조회수가 나오지 않아 실망한 날도 있었다. 하지만 나는 내 문체를 바꾸지 않았고, 매일같이 글을 썼다.

그렇게 쌓인 글들 덕분에 나는 책을 낼 수 있었고, '자기계발'과 '동기부여'라는 분야에서 글을 쓸 수 있는 사람이 되었다. 결과는 아무도 모른다. 하지만 한 가지는 분명히 알게 되었다.

"나의 목소리를 세상에 내지 않으면, 세상은 나를 먼저 알아봐 주지 않는다."

당신의 메시지를 기다리고 있는 사람이 있다. 내가 한 권의 책을 통해 인생을 바꿀 수 있었던 것처럼 어떤 날엔 단 한 줄의 문장이 삶 전체의 방향을 바꿔놓기도 했다. 그러니, 당신도 당신만의 메시지를 세상에 계속해서 퍼뜨려야 한다. 언젠가 그 말이, 정말 절실한 누군가에게 닿을 것이다. 그리고 그 메시지는 그 사람의 인생을 바꾸어놓을지도 모른다.

내가 정말 좋아하는
주제를 찾아라

"지속적으로 글을 쓰기 위해서는 어떻게 해야 할까? 매일 글을 쓰기 위해서는 어떤 주제를 선택해야 지치지 않고, 재미를 느끼며 쓸 수 있을까?"

많은 사람이 이 질문 앞에서 멈추어 선다. 주제를 고민만 하다가 결국 시작조차 하지 못하는 경우도 많다. 하지만 사실, 답은 단순하고 명확하다.

"내가 가장 좋아하는 주제를 쓰는 것."

그게 전부다. 그 주제는 당신 안에 이미 존재하고 있다. 시간을 잊고 이야기할 수 있는 것, 생각만 해도 가슴이 뛰는 것, 그것이 바로 당신의 '글쓰기 원천'이다. 나 역시 그랬다. 나는 '동기부여'와 '자기계발'을 주제로 삼은 글을 가장 좋아한다. 한 문장이 내 삶을 바꾸었고, 그 경험이 결국 나를 '자기계발 작가'로 만들었기 때문이다.

그래서 나는 지금도, 그때의 감동과 변화의 순간을 다시 누군가에게 전하고 싶어 글을 계속 쓰고 있다. 그 감동을 오래도록 나누기 위해서는 자신도 글쓰기에서 재미를 느껴야 했다. 만약 오직 경제적 이유, 수입, 협찬만을 생각하며 글을 쓰기 시작한다면, 그 열정은 오래 가지 못할 가능성이 크다. 반대로, 정말 좋아하고, 오랫동안 탐구하고, 깊이 고민하고, 지속해서 공부해 온 주제라면, 그 글은 자연스럽게 '브랜딩'이 된다. 그리고 시간이 지나면 그 브랜딩은 결국 수입으로도 연결된다. 나는 2년 넘게 자기계발과 동기부여라는 주제로 매일같이 글을 써왔고, 그 글들을 바탕으로 책을 출간할 수 있었다.

만약 내가 처음부터 '돈이 될까?'만을 생각하며 접근했다면, 이 모든 건 절대 가능하지 않았을 것이다. 같은 주제로 매일 글을 쓰는 사람은 자연스럽게 '신뢰'를 얻게 된다. 그 신뢰가 바로 가장 강력한 개인 브랜드가 된다.

『백만장자 메신저』에서도 이렇게 말한다.

> "당신이 앞으로 5년 동안 즐겁게 열중할 수 있는 주제를 선택하라. 이것은 매우 중요하다."

브렌든 버처드의 이 말은 '지속해서 무언가를 해내고자 하는 사람에게 가장 핵심적인 기준'을 던져준다. 짧게는 5년, 길게는 평생을 열중할 수 있는 주제를 찾아야 한다. 그 주제가 없다면, 지금부터라도 '찾기 위한 탐색'을 시작해야 한다. 책을 읽고, 글을 쓰고, 삶을 돌아보면서 자신이 정말 좋아하는 것이 무엇인지 끊임없이 자신에게 질문해야 한다.

답은 이미 자신 안에 있다. 어떤 책을 즐겨 읽는지, 어떤 글에 마음이 움직이는지, 어떤 관점으로 세상을 바라보는지 그 모든 것이 힌트다. 꾸준히, 길게 가는 사람들의 공통점은 분명하다.

그들은 그 일을 '정말 좋아서' 하고 있다. 그리고 자신이 해온 경험을 누군가에게 나눌 수 있다는 것에서 기쁨을 느낀다. 단기적인 보상에 집착하기보다는 장기적인 방향성과 의미를 붙잡은 사람들, 바로 그런 사람들이 지속성 있는 브랜딩과 영향력을 만들어낸다.

내가 무협 웹소설을 매일 쓸 수 있는 이유도 사실은 아주 단순하다. 나는 이 일이 재미있고, 좋아하기 때문이다. 지금까지 쓴 분량은 종이책 10권 분량, 주말을 제외하고 매일마다 글을 쓴다.

그와 동시에 책도 집필하고, SNS에 매일 글을 올리고 있다. 때로는 힘들다. 어떤 날은 육체적으로도 정신적으로도 소진되는 느낌이 들기도 한다. 하지만 계속해서 글을 쓸 수 있는 이유는 '내가 진심으로 좋아하기 때문'이다. 좋아하는 일을 할 때는, 아무리 지쳐도 그만두고 싶다는 마음보다 '계속하고 싶다'라는 마음이 더 크게 자란다. 그리고 그 순간부터 '하고 싶은 일'이 된다.

나를 웹소설의 세계로 이끌어주신 분이 있다. 그분 역시도 그 일이 너무 좋아서, 매일같이 글을 쓰고 계신다. 옆에서 보면 정말 놀랍다. 그 열정과 몰입이 성실함이 아니라 진짜 즐거움에서 비롯된다는 걸 느낄 수 있다.

실제로 그분은 네이버 웹소설에서 순위권에 들기도 했다. 아직은 출판사와 함께 작업하고 있진 않지만 나는 분명히 안다. 머지않아 유료연재 작가로 발탁될 분이라는 걸. 나 역시 매일 글을 쓰고 있지만, 그분을 보면 '재미의 밀도'가 다르다는 걸 실감한다.

나는 아직 한 편의 웹소설을 집필 중이지만, 그분은 벌써 두 번째 작품까지 완성하셨다. 그걸 보면 알 수 있다. 정말 좋아하는 일을 하는 사람은 속도가 다르고, 에너지의 방향도 분명히 다르다. 무엇보다 이런 사람들은 누가 시켜서가 아니라 스스로 선택한 주제를 가지고 앞으로 나아가기 때문에 시간이 지나면 결국 '성공'이라는 결과에 도달하게 된다.

그렇다면, 어떻게 '나만의 주제'를 찾을 수 있을까? 『백만장자 메신저』의 다음 문장을 보자.

> "'다른 사람들은 나 같은 고생을 하지 않도록 내 경험을 얘기해 주고 싶어.'라는 생각이 드는 인생의 전환점이 있었는가?"

먼저 자신이 겪은 인생의 전환점부터 되돌아봐야 한다. 그리고 거기서 "누군가에게 이 이야기는 꼭 해 주고 싶다."라는 감정이 언제, 어떤 순간에 생겨났는지를 떠올려야 한다. 나는 군 생활이라는 특수한 환경에서 일반적인 사람이라면 경험할 수 없는 상황들을 겪으며, 수많은 깨달음을 얻었다. "내가 겪은 이 경험들이, 다른 사람들에겐 작은 방향이나 위로가 될 수도 있겠구나."라는 그 마음이 글이 되었고, 그 경험을 바탕으로 책을 집필하게 되었다.

내 글은 때로 딱딱하고, 조금은 투박하게 느껴지기도 한다. 하지만 바로 그 점이, 내가 선택한 주제와 오히려 잘

어울린다. 나는 꾸며낸 문장보다 경험에서 우러난 문장을 더 믿는다. 내 글이 갖는 진정성의 원천이기도 하다. 경쟁이 필요 없는 글쓰기의 세계는 바로 '자기 이야기'를 하는 곳이다.

누구와 비교하지 않아도 된다. 내 삶의 이야기는, 나만이 쓸 수 있는 것이기 때문이다. 나만의 경험과 그 안에서 발견한 나만의 방법을 글로 풀어내는 일이다. 지금 시장 대부분은 레드오션이라 불린다.

하지만 나는 믿는다. 진짜 블루오션은 '어디에 있느냐보다 어떻게 쓰느냐'에서 만들어진다고. 그리고 그 시작은, 내가 겪은 진짜 이야기를 쓰는 것에서 출발한다.

제대로 된 일을 하라

수없이 들어왔다.

"인생은 속도보다 방향이다."

하지만 이 말의 본질을 이해하기까지는 꽤 오랜 시간이 걸렸다. 대한민국은 빨리빨리 문화가 몸에 밴 사회다. 전쟁의 아픔 속에서 만들어진 생존의 방식이었을지도 모른다. 나 역시 그 흐름을 따라 속도에만 집중한 채, 방향은 보지 못한 채 앞만 보고 달렸다.

그리고 뒤늦게 깨달았다.

"아, 내가 달려가던 길의 방향이 어쩌면 처음부터 어긋나 있었구나."

그걸 깨닫지 못했다면 여전히 더 빠르게, 더 치열하게 엉뚱한 곳을 향해 달리고 있었을 것이다.

그러던 중, 나는 우연히 한 권의 책을 집어 들었다. 그 순간이 바로, 나의 '방향'을 다시 점검하게 된 계기였다.

『부자의 언어』를 처음 마주했을 때 경제에 관한 이야기일 것으로 생각했다. 경제 지식이 거의 없던 나는 "나도 경제에 관한 책 한 번 읽어볼까?" 하는 가벼운 마음으로 책을 펼쳤다. '부자'라는 제목을 보고, 돈을 버는 방법, 재테크 전략 같은 게 담겨 있겠거니 생각했다.

그런데 책장을 넘기자마자 완전히 다른 세계에 들어서게 되었다. 이 책은 돈의 기술을 말하지 않았다. 삶의 방향을 다시 세우는 법을 알려주는 책이었다. 내가 지금 어디에 서 있는지를 묻게 했고, 어디로 가야 하는지를 깊이 돌아보게 했다. 나는 그때 처음 알았다. 진짜 '부자'는 돈의 양이 아니라 삶의 방향을 명확히 아는 사람이라는 걸.

책의 거의 첫 부분에서, 나는 더 이상 책장을 넘길 수 없었다. 단 한 문장이 내 머리를 세게 때린 것처럼 느껴졌기 때문이다. 그 문장은 나를 멈춰 세우고, "지금, 네 인생을 돌아보라."라고 말하는 것 같았다. 그 순간 나는 깨달았다. 진짜 좋은 책이란 다음 페이지로 재촉하지 않는 책이다.

오히려 단 한 문장으로 나를 붙잡고, 생각하게 하고, 문게 하고, 돌아보게 만드는 책이다. 그래서 나는 믿는다. 좋은 책은 '더 읽고 싶은 책'이 아니라 '잠시 덮고 생각하게 만드는 책'이라는 것을.

『부자의 언어』를 읽던 중, 나는 한 문장에서 걸음을 멈췄다. 그리고 그 문장을 여러 번, 곱씹어 읽었다. 피터 드러커의 말이었다.

"제대로 된 일을 하는 것이, 일을 제대로 하는 것보다 훨씬 중요하다."

처음엔 그저 당연한 말처럼 들렸다. 하지만 곧, 이 문장이 가진 무게와 깊이를 실감하게 되었다. "제대로 된 일이란 과연 무엇일까?" "일을 제대로 한다."라는 것은 성실함이나 기술을 의미하지만 그보다 더 중요한 '제대로 된 일'은 내가 왜 이 일을 하는가, 이 일이 나에게 어떤 의미가 있는가를 묻고 있었다.

"나는 지금 제대로 된 일을 하고 있는가?"
"아니면, 잘못된 일을 그저 성실하게 하는 것일까?"
"무엇이 나에게 있어 제대로 된 일일까?"

그 문장이 단순한 생산성의 기준을 넘어 삶의 방향과 가치, 그리고 진짜 사명에 대한 질문으로 나를 이끌었다.

'제대로 된 일'이란 도대체 무엇을 뜻할까? 나는 나름대로 이 문장을 이렇게 해석했다.

"내가 진심으로 원하는 일."

"나는 지금, 정말 내가 원하는 일을 하고 있는 걸까?"

질문이 가슴 깊이 조용히 파고들었다. 그리고 깨달았다. 나는 지금, 내가 원하는 일은 하지 못한 채 주어진 일을 '제대로만' 하고 있었다. 즉 '제대로 된 일'이 아닌 '주어진 일'을 반복하고 있었다.

『부자의 언어』를 읽었을 때는 아직 내가 원하는 일이 무엇인지조차 정확히 찾지 못했던 시기였다. 그 책을 읽고 있었던 장소가 더욱 선명하다. 훈련 장소로 가는 버스 안, 흐릿한 창밖 풍경을 바라보면서 나는 처음으로 내 인생의 방향을 다시 생각하고 있었다.

『부자의 언어』에는 이런 문장이 들어 있다.

"제대로 된 일을 한다는 말은, 목표한 결과에 다다를 수 있는 효율적인 일을 한다는 뜻이다."

그랬다. '제대로 된 일'이란, 그저 열심히 하는 일이 아니라 내가 꿈꾸는 방향으로 나아갈 수 있는 '효율적인 일'이었다. 그 문장을 다시 곱씹으며 나를 떠올렸다. 나는 전혀 그런 일을 하고 있지 않았다.

내가 진짜 원하는 삶과는 전혀 다른 방향으로 흘러가고 있었다. 나는 '남들에게 통제받지 않는 자유로운 삶'을 꿈꾸고 있었지만, 현실의 나는 남들이 지시하고 통제한 일만 '제대로' 해내고 있었다. 그리고 그 차이를 그때야 명확히 인식하게 되었다.

"그렇다면, 내가 정말 원하는 삶을 살기 위해서 지금 해야 할 '제대로 된 일'은 무엇일까?"

"어떤 일을 해야 내가 꿈꾸는 방향으로 걸어갈 수 있을까?"

"나는 지금 무엇을 할 수 있고, 어떤 능력을 갖추고 있는가?"

그 시절의 나는 책을 집필하겠다는 생각은 전혀 하지 못하고 있었다. 그저 하루 한 권의 책을, 정말 진지하게, 치열하게 읽고 있던 때였다. 그런데 이상하게도, 어느 책을 읽어도 결국 강조하고 있는 것은 '독서'였다. 모든 작가,

멘토, 리더들이 입을 모아 말하고 있었다.

"당신의 인생을 바꾸고 싶다면, 우선 책을 읽어야 한다"고. 그래서 나는 결심했다. 아직 어떤 능력도 명확하지 않았던 내게, 그 순간 가장 제대로 된 일은 단 하나였다. "치열하게 읽는 것." 그게 바로 내가 할 수 있는 유일한 '제대로 된 일'이었다.

그렇다면 이제는 '제대로 된 일'을 효율적으로 해야 한다는 생각이 들었다. 주제를 찾았으면, 그 다음은 방법을 찾는 일이었다.

"책을 더 많이 읽으려면 어떻게 해야 하지?"

"지금보다 더 깊게, 더 넓게 읽으려면 어떤 방식을 써야 할까?"

"하루의 모든 자투리 시간을 독서에 쓸 수는 없을까?"

결국, 도달한 결론은 단순했다.

"가능한 모든 시간을 독서에 몰아넣자."

그때부터 나는 하루에 한 권이 아니라 어떤 날엔 3~4권씩 연달아 읽어 나가기 시작했다. 그건 단순한 양이 아니라 독서와 친밀해지는 훈련이었고, 정보를 나만의 사고 구조로 바꾸는 과정이었다. 그리고 어느 순간, 내 안에서 변화가 생기기 시작했다. 활자를 읽는 것에서 곧 글이 쓰고 싶어졌다. 책을 읽었을 뿐인데, 어느새 "나도 이 내용을 정리해 보고 싶다."라는 충동이 생겼고, 그게 바로 "글을 쓰고 싶다"는 마음으로 바뀌어 갔다.

방향이 올바르게 잡히니, 내 삶도 자연스럽게 바뀌기 시작했다. 그 변화는 '일을 잘하는 것'이 아니라 '제대로 된 일'을 먼저 찾았기 때문에 가능했다. 그때 만약, 그 문장을 만나지 못했다면 답을 찾아 나서지 않았다면 지금의 나는 없었을 것이다. 그래서 나는 말하고 싶다.
"자신만의 제대로 된 일을 찾아야 한다."
그 일은 누가 시켜서가 아니라 기꺼이 내 시간을 쏟아 붓고 싶은 일이어야 한다. 누군가에게도 양보할 수 없는, 온전한 나만의 일. 나에게 그것은 '독서'였고, '글쓰기'였다.

나는 지금, 그 일을 하며 하루하루를 행복하게 살아가고 있다. 만약 지금 당신의 인생이 생각했던 방향과 다른 곳으로 흐르고 있다면 그건 '방향'을 다시 정비하라는 신호일지도 모른다.

주어진 일을 '잘하는 것'은 누구나 할 수 있다. 하지만 남이 지시하고 통제하는 일이 아니라 내가 스스로 선택한 일, 주체적인 일을 찾는 것. 그것이 진짜 '제대로 된 일'이다. 그리고 인생에 있어 '제대로 된 일'의 첫 번째는 불편해 했던 일들 속에 숨어 있다. 독서, 글쓰기, 운동, 산책, 명상 등 모두 지금 당장은 귀찮고 불편하지만, 결국엔 나의 능력을 상승시키고 삶의 질을 바꾸어 주는 행위들이다. 이런 일들이야말로 진짜 '제대로 된 일'이다.

명심하자. 일을 제대로 하는 것보다 제대로 된 일을 하는 것이 훨씬 더 중요하다. 그리고 그 '제대로 된 일'은 언제나 내 안의 저항을 마주할 때 모습을 드러낸다.

하기 쉬운 건 하지 않기도 쉽다

작가가 되기 전, 군인 시절의 나는 운동을 정말 열심히 했다. 자기관리에 진심이었고, 바디프로필을 찍을 만큼 강도 높은 루틴을 꾸준히 유지했다. 그때의 나는, 하루의 흐름이 철저히 '리듬'으로 구성된 사람이었다. 그런데 작가가 된 후, 그 리듬이 조금씩 무너지기 시작했다. 매일같이 책을 읽고, 글을 쓰고, 생각을 정리하고, 콘텐츠를 만들다 보니 잠드는 시간도, 일어나는 시간도 불규칙해졌다.

하지만 처음엔 별로 문제라고 느끼지 않았다. 어차피 출근해야 하는 직장이 있는 것도 아니고, 누구의 지시도 받지 않으니 자유롭게 일하고 있다고 착각하고 있었다. 새벽까지 글을 쓰는 일이 이제는 너무도 당연해졌다. 오히려 그게 '진짜 작가의 삶'이라 믿고 있었다. 그러던 어느 날

문득 내 일상을 돌아보게 되었다. 점점 더 생활이 불규칙해지고 있다는 것.

문제는, 그 불규칙함이 이미 습관처럼 몸에 스며들었다는 점이었다. 바꾸려 해도 오히려 스트레스만 더 커졌다. 억지로 일찍 자고 일찍 일어나 보려 했지만 잠은 오지 않았고, 일찍 일어나는 날은 온종일 피곤했다. 어떤 날은 자고 싶은 만큼 자고, 일어나고 싶은 시간에 일어나기도 했다. 하지만 결국은 다시 불규칙한 리듬으로 되돌아갈 수밖에 없었다.

"어떻게 해야 할까?"

그때는 사실, 그런 삶이 좋게 느껴지기도 했다. 누군가의 스케줄에 맞추지 않아도 되고, 내 몸의 리듬대로 살아가는 것 같았기 때문이다. 하지만 그 자유 속에서 조금씩 무너지고 있는 몸의 신호들을 느끼기 시작했다. 식사 시간도 점점 불규칙해지고, 피로는 쌓이는데 회복은 더뎌지고 있었다.

그러다 어느 날, 책을 읽다가 지금의 내 상태를 설명해주는 비유를 만나게 되었다. '나무꾼의 이야기'였다.

한 나무꾼이 있었다. 그는 수 년 동안 매일같이 장작을 팼다. 처음엔 손에 익고, 근육도 붙으며 자신이 점점 강해지고 있다고 느꼈다. 그런데 몇 년이 지나자, 그는 어느 순간부터 장작을 패는 일이 점점 더 힘들게 느껴졌다.

처음에는 "이제는 나이가 들어서 그런가 보다, 지쳤나 보다."라고 생각했다. 결국, 그는 도끼를 내려놓고, 한참 동안 그 자리에 앉아만 있었다. 그때, 갓 들어온 신참 나무꾼이 다가와 조심스럽게 물었다.

"혹시, 도끼날을 갈고 계셨나요?"

그 순간, 나무꾼은 멍하니 고개를 들었다. 그리고 그동안 단 한 번도 도끼날을 갈지 않았다는 사실을 깨달았다.

이 짧은 이야기에서 나는 나 자신의 상태를 그대로 본 듯한 충격을 받았다. 나는 매일같이 글을 쓰고, 생각하고, 책을 읽는 삶을 살아가고 있었지만, 그 모든 것들을 가능하게 해 주는 '도끼날'인 내 몸과 마음은 돌보지 않고 있었다.

『부자의 언어』에서는 이렇게 말하고 있었다.

"우리는 몸과 마음을 튼튼히 유지해야 해. 그렇지 않으면 나무에 무딘 도끼날을 휘두르게 될 거야."

나무꾼은 그저, 도끼날만 갈면 되었다. 그 한 가지로 다시 장작을 자르는 힘을 회복할 수 있었다. 그 문장을 읽으며 나는 깨달았다.

"내게 있어 도끼날은 바로, 체력이구나."

글을 오래 쓰기 위해서도, 활기찬 하루를 보내기 위해서도 가장 근본적인 자원은 체력이었다. 그런데 나는 언제부턴가 이런 사실을 망각한 채 살고 있었다.

"작가에게 중요한 건 집중력이지, 체력이 아니야."

그렇게 생각하며 운동도, 식사도, 수면도 점점 등한시하게 되었다. 체력은 이제 나에게 중요한 능력이 아니라고 착각하고 있었다.

하지만 진실은 그 반대였다. 모든 집중력도, 사고력도, 창의력도 결국은 체력에서 비롯된다는 것. 그건 내 삶에서 가장 중요한 '도끼날'이었다.

"벌목꾼은 도끼를 갈기만 하면 됐어. 우리도 마찬가지로 육체라는 도구를 날카롭게 다듬어야 해. 매일 운동을 하려무나. 그러면 자연히 잘 먹고, 잘 자게 된단다."

『부자의 언어』에서 이 문장을 읽는 순간, 말 그대로 충격을 받았다. 나는 그동안 루틴을 다시 정립해 보고자 수면시간을 조절하고 식사를 조율하고, 기상 시간을 바꿔보는 등의 노력을 해왔지만 그건 완전히 '거꾸로 된 접근'이었다.

"잘 자기 위해선 먼저 에너지를 충분히 소모해야 한다."라는 당연한 진리를 나는 외면하고 있었다. 책을 집필하고 글을 쓰는 것은 물론 정신적 에너지를 소모하는 작업이다. 하지만 그건 몸의 피로를 만들어주는 방식과는 다르다. 정신만 고갈되고, 몸은 점점 둔해지고 있었다.

그리고 "운동을 하면 자연히 잘 먹고 잘 자게 된다"는, 나에게 단순한 정보가 아니라 명령처럼 들렸다. 나는 책을 덮자마자, 운동복을 챙겨들고 집 앞 헬스장으로 향했다. 지체하지 않았다. 나의 도끼날을 다시 갈기 위한 첫걸음을 그 자리에서 바로 시작했다.

나는 결심했다.

"매일 아침 10시에 운동을 하자."

생각이 떠오르면 바로 실행에 옮기는 게 나의 방식이다. 그날 바로 헬스장에 등록하고, 단백질보충제와 운동복, 헬스 장갑까지 주문했다. 단순한 운동이 아니라 '나를 다시 세우는 프로젝트'의 시작이었다. 다행히도 나는 예전에 수년 동안 운동을 했던 경험이 있었다. 덕분에 따로 PT를 받지 않아도, 나만의 루틴으로 바로 첫날부터 운동을 시작할 수 있었다.

하지만 그 첫날의 충격은 예상보다 훨씬 컸다. 예전에 들던 무게의 '반'도 지금은 온몸의 힘을 다 짜내야 겨우 들 수 있었다. 운동을 멈춘 시간이 이렇게 오래되었던가. 나는 그동안 몸을 얼마나 철저히 내버려 두고 있었는지를 온몸으로 실감했다.

"정말, 정말 많이 방치하고 있었구나."

그 순간, 몸이 내게 얼마나 많은 신호를 보내고 있었는지를 들을 수 있게 되었다.

운동을 다시 나의 삶에 편입시키는 순간 신기하게도 모든 것이 제자리로 돌아가기 시작했다. 아침에 운동하기로 했기에 자연스럽게 저녁에는 술이나 기름진 음식을 멀리하게 되었고 에너지가 소모된 덕분에 밤이면 저절로 깊은 잠이 찾아왔다. 일찍 자야 다음 날 운동을 할 수 있었고, 일찍 일어나야 내가 원하는 하루를 온전히 누릴 수 있었다. 한동안 멈춰 있던 시계의 중심축을 다시 돌려놓은 것 같은 느낌이었다.

"도끼날을 다시 갈았을 뿐인데, 삶 전체의 기어가 맞물려 돌아가기 시작했다."

그 경험을 통해 나는 하나의 중요한 사실을 다시 배웠다. 기본이 가장 중요하다는 것을. 지금 내 삶이 어딘가 삐걱거리고 있다면 그건 특별한 기술이 부족한 게 아니라 기본이 무너져 있다는 신호일지도 모른다. 그리고 그 '기본' 중에서도 가장 우선되는 것이 있다. 바로 체력이다. 어떤 일을 하든, 어떤 비전을 품든, 그걸 지탱하는 '신체의 에너지'가 없다면 그 무엇도 온전하게 지속할 수 없다.

"하기 쉬운 건 하지 않기도 쉽단다."

『부자의 언어』에서 읽은 이 짧은 문장은 그동안 내가 운동을 미뤄온 이유를 가장 정확하게 꿰뚫고 있었다. 나는 '운동'이라는 활동이 이미 익숙하다고 생각했다. 자세도 알고, 루틴도 알고, 경험도 충분했기에 언제든지 다시 시작할 수 있다고 스스로를 안심시켜왔다.

"지금은 바쁘니까, 나중에 시간 날 때 하면 되지."

하지만 그 '언제든지'는 결국 '아무 때도 하지 않는' 시간으로 바뀌고 있었다. '하기 쉬운 것'은 생각보다 훨씬 더 쉽게 미뤄진다. 그 문장은 그래서 더 무서웠다. 한없이 가까워 보이는 일이 가장 멀리 밀려날 수 있다는 진실.

나는 그동안 운동을 해야겠다는 생각만 품은 채 실제로는 내 몸을 방치해 왔다. 그리고 깨달았다. 내가 바라는 꿈을 향해 계속해서 달려가기 위해선, 계속해서 달릴 수 있는 에너지가 필요하다는 것. 그래서 지금, 이 말을 당신에게도 전하고 싶다.

만약 지금 당신이 '하기 쉬운 일'이라고 생각하고 있는 무언가가 있다면 지금 바로 시작해야 한다. 그렇지 않으면, 그 일은 너무도 쉽게 '하지 않는 습관'으로 굳어질 수 있다.

나의 방식대로, 나의 의지대로

나의 방식에 따라, 나의 의지대로 하지 않는다면 남이 정해 놓은 길을 따라 걸어갈 수밖에 없다. 남이 정해 놓은 길은 평탄하다. 이미 누군가 걸었던 길이기 때문이다. 자신만의 방식을 세우지 않는다면 똑같이 따라 하더라도 얻는 것은 없다.

내 삶의 계획을 스스로 세우지 않고, 누군가가 알려준 대로, 지시한 대로 살아가는 사람들이 많다. 그렇게 살아간 뒤에는, 결국 얻은 결과에 만족하지 못하는 삶을 살게 된다.

자기 생각 없이 누군가의 방법을 그대로 따른다고 해도 달라지는 것은 없다. 변화는 결과에서 오는 것이 아니라 과정에서 배우고 성장하는 데서 비롯된다. 다른 사람이 어떤 결과를 만들어 냈다고 해서, 내가 똑같이 그 결과를 만들어낼 수는 없는 법이다.

영국의 기업가이자 베스트셀러 작가인 롭 무어는 『레버리지』에서 이렇게 말했다.

"무엇을 해야 할지 파악하고 실행하라. 당신의 삶에 타인의 계획을 끼워 넣지 마라. 좀비 무리를 따라가지 마라."

성공한 사람 또는 멘토의 방식을 모방하는 것은 좋다. 하지만 방식을 나에게 그대로 적용해서는 안 된다. 큰 나무를 가져와 나만의 가지로 만들어야 한다. 내가 이루고자 하는 목표와 그가 이루고자 했던 목표는 같을 수 없다. 간혹 "나도 저 사람처럼 되고 싶다."라는 마음을 가질 수는 있지만 절대 그럴 수 없는 세상이다. 이 세상에 똑같은 사람은 존재하지 않는다. 쌍둥이라 해도 성격이 다르고, 장점이 다르다.

나 역시 글을 잘 쓰고 싶다는 생각만 했을 뿐 나만의 글이 아닌 문법, 문맥, 부사, 접속사 등 아직은 나에게 버거운 것부터 공부하려고 했다. 아무리 글을 써도 내가 직접 쓴 글을 읽어보면 잘 썼다는 느낌이 전혀 들지 않았다. 글쓰기에 대해 영상을 보면서 문장력을 다지기 위해 노력도 하고, 글쓰기와 관련된 책도 읽었다.

"나는 왜 남들처럼 글을 감성적으로 쓰지 못하는 걸까?"

"내 글은 왜 이렇게 뭔가 딱딱하게 단문으로만 적어지는 걸까?"

"어떻게 하면 남들처럼 공감할 수 있는 감성을 울리는 글을 쓸 수 있을까?"

매일 그런 생각을 하면서 글을 썼다. 하지만 전혀 달라지지 않았다. 아니, 오히려 더 어색해 보였고 읽는 나조차도 이해할 수 없는 글이었다. 그런 글을 사람들이 읽어줄 리가 없었다. 나는 나의 글을 찾아야겠다는 생각을 했다.

"어쩔 수 없어. 내가 평소에 그런 글들을 읽어왔기 때문에, 나도 그렇게 쓰게 되는 거겠지. 그렇다면 그냥 나만의 방식으로 써보자. 언젠가는 분명 많은 사람이 읽어주는 날도 오게 될 거야."

그때부터 나는 남을 따라 쓰는 글이 아니라 나의 의지대로, 나의 방식대로 글을 쓰기 시작했다. 하루하루, 꾸준히.

그렇게 약 3개월 정도 매일 글을 쓰다 보니, 점점 사람들이 내가 쓴 글을 읽어주기 시작했고, 댓글도 하나둘 달리기 시작했다.

"북크님의 글은 단순 명료해서 좋습니다."

이런 댓글이 달릴 때마다, 나는 조금씩 깨달았다.

"이게 나의 글이구나."

100일, 단 하루도 빠짐없이 글을 쓰면서 나는 마침내 '내 글의 색깔'을 알아가기 시작했다. 『레버리지』에서 이야기하고 있는 것처럼.

"당신의 방식대로, 당신의 의도대로, 계획에 따라 삶을 살아가라."

내가 다른 사람들이 했던 방식만 그대로 따라 했다면, 지금의 글은 존재하지 않았을 것이다. 책을 집필하는 일도, '북크북크'라는 이름도 세상에 나오지 못했을 것이다. 나는 단지 나의 방식을 찾았고, 나의 의도대로, 나의 호흡대로 꾸준히 써왔을 뿐이다. 그렇게 하루하루 쌓인 글들은 결국 모여 하나의 길이 되었고, 그 길 위에 '북크북크'라는 작은 깃발이 세워졌다.

누군가는 화려한 언어로 세상을 그리지만, 나는 내가 쥘 수 있는 펜으로, 내가 걸을 수 있는 걸음으로 나만의 이야기를 써 내려갔다. 하나의 문장들이 브랜드가 되고, 습관이 직업이 되었으며, 일상이 곧 일이 되는 삶으로 바뀌게 되었다.

때로는 의심이 들고 불안할지라도, 그럴 때일수록 자신을 믿고 앞으로 나아가는 것이 훨씬 더 중요하다는 것을 경험을 통해 깨달았다. 이건 단지 글쓰기에만 해당하는 이야기가 아니다. 어떤 도전을 하든, 이미 검증된 효율적인 방식이 있다면 그걸 무작정 흉내를 내기보다는 자기 것으로 녹여내고, 나만의 방식으로 재구성하는 과정이 필요하다.

주변에서는 가끔 나에게 SNS 성장 비법이나 책을 출간할 수 있었던 방법에 관해 묻곤 한다. 나는 내가 해왔던 모든 과정을 숨김없이 다 이야기해 준다. 하지만 신기하게도, 나와 같은 결과를 만들어내는 사람은 아직 보지 못했다.

진정한 성공은 나만의 유일함으로 이루어진다. 누구도 흉내 낼 수 없는, 나만의 특별함을 믿고 도전할 때 삶은 나만의 색으로 빛나기 시작한다. 남들보다 글을 잘 쓰지는 못해도, 무언가를 특출하게 해내지 못해도, 나에게 끝까지 남아 있었던 단 하나의 무기. 그것은 바로, 나만의 방식으로 끝까지 해내는 태도였다.

일본의 개그맨이자 영화감독인 기타노 다케시는 이렇게 말했다.

"노력이라는 것은 복권 같은 것이다. 산다고 해서 맞을지는 알 수 없지만, 사지 않으면 절대 맞을 수 없다."

나의 글을 통해 책을 집필할 수 있었던 진짜 이유는 단 하나, 노력이었다. 그 누구의 방식도 아닌, 나만의 방법을 반드시 찾아내겠다는 집요한 노력. 아무도 따라 할 수 없을 만큼의 엄청난 몰입과 반복. 그것이 결국 나를 계속 앞으로 나아가게 만든 힘이었다.

지금 나는 '북크폭스'라는 이름으로 회사를 차려 운영하고 있다. 아직은 아무것도 시작하지 않은, 부족한 점이 많은 대표일지 모르지만 나는 스스로 어려운 길을 가기로 선택했다.

북크폭스 개업식 날, 한 분이 나에게 이렇게 말했다.

"엄청 어려운 길인데…."

맞는 말이다. 출판도 해야 하고, 브랜딩 컨설팅도 해야 하며, 강연도 진행해야 한다. 남들이 보기엔 쉽지 않은 길이고, 그래서 더 많은 사람들이 두려워하는 길이다. 하지만 나는 안다..

남들이 정해 놓은 평탄하고 안전한 길이 아니라 울퉁불퉁하고 가기 힘든 길일수록 그 끝에 기다리고 있는 결과는 남들과는 전혀 다른 결과일 수 있다는 것. 그래서 나는 기꺼이 이 길을 걷기로 했다.

때로는 더 쉬운 길도 있었고, 편한 방법들도 있었다. 하지만 편한 길만 찾아다니면, 결국 얻는 것도 그만큼밖에 되지 않는다. 결국, 내가 어떤 마음으로 움직였는가, 그 마음이 결과의 크기를 결정한다는 것을 경험으로 알고 있다. 쉬운 길보다 깊은 길을 선택하자.

그 끝엔 남들이 닿을 수 없는 나만의 이야기가 기다리고 있다.

나의 목표에만 초점을 맞춰라

 나는 한 가지 목표를 정하면, 그 목표만 바라보고 일단 달려간다. 그 목표로 향하는 길에 방해물이 있다면, 주저 없이 모두 제거한다. 그게 나의 방식이다. 조건보다 선택이 먼저였다. 실력보다 방향이 먼저였다. 그 순간부터 목표만 보고 앞으로 가기로 마음을 먹었다. 어떤 어려운 상황이 오든 도저히 책을 읽을 수 없는 날이 오더라도 절대 포기하지 않고 책을 읽고, 글을 쓰겠다고 스스로에게 다짐했다. 작가가 되는 데 도움이 되지 않는 일은 하지 않기로 마음먹었다.

 퇴근하고 나서는 아무도 만나지 않았다. 오직 나의 인풋을 채우기 위해 책을 읽고, 글을 쓰며 아웃풋에 집중했다. 한 가지 목표가 생기자, 그 외의 생각은 모두 지웠다. 휴가를 나가서도 전자책을 내기 위해 글을 썼다. 오랜만에 친구와 약속이 있어 외출했을 때도, 먼저 도착한 나는 근처 PC방으로 들어가 몇 시간 동안 전자책 작업을 이어갔다. 어떤 순간에도 방향은 흐트러지지 않았다. 그게 나의 방식이었다.

『레버리지』에는 이런 문장이 있다.

"더 전략적으로, 더 체계적으로 일하고, 당신의 비전에 집중할 시간을 최대화하고, 단순 작업과 시간 낭비를 철저하게 배제해야 한다."

더 전략적으로, 더 체계적으로 해야 했다. 남들과 같은 수준의 노력으로는 절대 안 된다는 걸 알고 있었기 때문이다. 나는 시간의 사용에 빈틈이 없도록 계획했고, 철저하게 '몰입'만을 위한 루틴을 만들었다.

집 밖으로 나가는 순간, 그 모든 시간은 책 집필에 방해가 된다는 걸 절실히 느꼈다. 그래서 나는 거의 나가지 않았다. 약간의 우울증이 올 정도로, 계속 집 안에만 머물렀다. 오로지 원고를 쓰겠다는 생각 하나만으로 버티고 또 버텼다. 모든 에너지를 읽고, 쓰는 데 쏟아 부었다. 그 외의 것들은 전부 내려놨다.

  남들은 때때로 나에게 바보 같다고 말하기도 했다. 미래가 보장되지도 않는 일에 왜 그렇게 시간을 쓰느냐며, 현실적인 길을 선택하라고 충고하는 사람들도 많았다. 하지만 나는 이미 방향을 정했다. 내가 되고자 하는 사람, 이루고자 하는 목표에 초점을 맞춘 순간부터, 주변의 말들은 소음처럼 들렸다.

  결과는 그 다음의 문제였다. 예측할 수 없는 불안이 있어도, 내가 지금 해야 할 일은 오직 '전진'뿐이었다. 아무것도 보이지 않는 안개 속을 걷는 기분이었지만, 멀리 희미하게 빛나는 나만의 목표 하나가 그 어둠을 헤쳐나갈 수 있는 나침반이 되어주고 있었다.

  남들의 말에 휘둘리지 않았기에 나의 목표에만 초점을 맞출 수 있었다. 나머지 것들은 흐릿하게 보이도록 그냥 놔뒀다. 내가 바라는 방향만 분명하다면 그 방향을 향해 끝까지 노력할 수 있다면 반드시 도달할 수 있다고 믿었다.

  그 확신은 나 혼자만의 착각이 아니었다. 수많은 책을 읽으며 간접경험을 통해 확인할 수 있었다. 성공한 사람들은 하나같이 목표가 생기면 절대 포기하지 않았고, 남들의 말에 흔들리지 않았으며, 오직 앞을 보며 걸어갔다. 소란한 세상 속에서도 나는 내 안의 신호 하나에 귀를 기울이고 있었다.

처음에는 왜 그런 선택을 하느냐고 묻던 사람들이 이제는 이렇게 말한다.
"어떻게 그렇게 될 수가 있었느냐고."
수많은 책에도 나오는 말이다. 내가 바라는 모습을 매일 상상하고, 포기하지 않으며, 나와의 싸움에서 이기면 결국 이룰 수 있다는 이야기!
사실 굳이 내가 다시 적지 않아도 대부분 사람들은 이 말들을 이미 알고 있다. 하지만 중요한 건, 안다고 해서 인생이 바뀌는 건 아니라는 점이다. 실천하지 않으면, 작은 변화조차 생기지 않는다. 지식은 씨앗에 불과하다.
물을 주지 않으면 아무것도 피어나지 않는다.

당신은 지금 어떤 씨앗을 심고 있는가? 당신에게는 지금, 모든 것을 걸고 키워내고 싶은 단 하나의 목표가 있는가? 단 하나의 목표. 지금까지 살아오면서 단 한 번이라도 모든 것을 포기하고 달려갈 만큼 간절했던 목표가 있었는가? 아직 없다면, 아직 찾지 못했다면, 지금이라도 반드시 찾아야 한다. 내가 진짜로 이루고 싶은, '나의 목표'를 정해야 한다. 그 목표를 이루기 위해서는 독서를 통해 경험을 쌓고, 세상을 보는 관점을 넓혀야 한다.

그렇지 않으면, 결국 내가 알고 있는 단어와 지식의 울타리 안에서만 방법을 찾으려 하게 된다. 좁은 언어 안에서는, 인생을 설명할 문장조차 만들어지지 않는다. 아무리 멀리 도망쳐도, 결국은 내 안이라는 말이 있다. 어떤 일이든, 어떤 방향이든 결국 그 출발점과 결정은 내 안에서 나온다.

목표를 정하고 앞으로 나아갈 때 주변의 시선을 의식하고, 그들의 말에 흔들리게 될 것인지는 전적으로 내 선택이다. 확신이 없는 상태에서 앞으로 나아가기 위해서는, 결국 자신에게 집중해야 한다.

토끼와 거북이에 관한 이야기는 아마 모두 알고 있을 것이다. 훨씬 빠른 토끼가 결국 경주에서 거북이에게 지고 만다. 그 차이는 단 하나였다. 토끼는 상대방을 봤고, 거북이는 오로지 목표만 바라보며 걸어갔다. 많은 사람이 이 우화를 단순한 교훈으로 넘기지만 나는 여기서 몰입의 본질을 다시 생각하게 되었다. 우리는 대부분 무의식적으로 남들과 지금의 내 위치를 비교한다. 그리고 그 비교는 결국 집중을 흐리고, 방향을 잃게 만든다.

"저 사람은 어떻게 저렇게 성공할 수 있었을까?"
"나는 왜 아직 여기에 머물러 있을까?"

이런 생각을 해본 적이 누구에게나 한 번쯤은 있을 것이다. 물론 비교를 통해 내 위치를 확인하는 것 자체는 나쁘지 않다.

하지만 문제는 그 비교가 멈추지 않는다는 데에 있다. 내가 어떤 위치까지 올라가더라도, 나보다 더 많은 성과를 내는 사람은 항상 존재한다. 목표는 남에게 인정받기 위한 것이 되어선 안 된다. 내가 나를 인정할 수 있을 정도면 된다. 그 지점까지 도달하는 것이 진짜 의미 있는 목표다.

그렇다면 그 목표를 어떻게 이룰 것인가? 바로 그 지점에서 '레버리지'라는 개념이 등장한다. '레버리지'라는 말은 최대의 효율을 낼 수 있는 일에 집중한다는 뜻이다. 나머지 부분은 그 일을 더 잘할 수 있는 다른 사람에게 위임하는 것. 같은 시간을 쓰더라도 내가 달성하고자 하는 목표에 가장 빠르게 도달할 방법을 찾고 그 방법에 몰두하는 것이다. 효율은 선택과 위임에서 나온다. 무조건 다 하려고 하면, 정작 중요한 일은 제대로 해내지 못한다.

지금 내가 운영하는 '북크폭스' 역시, 그 원칙에 따라 운영하고 있다. 나는 강연와 컨설팅에 집중한다. 각종 세무 관련 업무나 행정 서류처럼 내가 직접 하지 않아도 되는 일들은, 그 일을 잘하는 사람에게 위임했다. 강연 의뢰 관리, 공간 대여 등도 마찬가지다. 내가 그 업무들을 직접 하기보다는, 같은 시간에 더 가치 있는 일에 몰두하는 것이 더 낫다는 판단이었다. 각자 잘하는 영역이 다르기에 가능한 일이었고, 그것이 조직 전체의 효율을 극대화시켰다.

어떤 일을 하든, 분담은 필수다. 조직 내 역할 분담을 넘어, 개인이 자신의 목표를 달성하기 위한 전략이기도 하다. 그래서 나는 항상 생각한다. 지금 당장 어떤 일을 해야, 가장 효율적으로 목표에 도달할 수 있을까? 지금 나는 책을 집필하고 있으므로, 평소에 하던 루틴 중 가장 핵심적인 일부만 남기고, 나머지는 모두 내려놓았다. 시간의 사용, 공간의 배치, 모든 게 책을 쓰는 일에 맞춰 재구성되었다.

사격을 할 때도 마찬가지였다. 옆 사람이 언제 어떻게 쏘든, 몇 발을 맞추든 그건 전혀 중요하지 않았다. 내 눈앞의 표적만 바라보고 있었다. 남을 의식하는 순간 흐름은 끊기고 호흡은 흔들리기 때문이다. 특히, 나는 추상적인 목표보다는 시각적으로 보이는 목표를 더 중요하게 여긴다. 그래서 어떤 도전을 하든 반드시 데드라인을 정하고, 오늘 해야 할 일을 숫자로 표시해서 바로 실행한다. 보이는 목표, 측정 가능한 단위, 그리고 즉시 행동. 그게 내가 목표를 다루는 방식이다.

우리는 종종 큰 변화만을 변화라고 착각한다. 하지만 진짜 변화는 눈에 띄지 않게 스며드는 꾸준함 속에 숨어 있다. 거북이는 토끼보다 빠르지 않았지만, '단 한 번도 목표에서 눈을 떼지 않았기 때문에' 결국 이길 수 있었다.

그것이 방향의 힘이고, 집중의 결과다. 당신도 마찬가지다. 지금 당장 남들과 속도를 비교하지 않아도 된다. 방향이 올바르다면 그 방향을 향해 멈추지 않고 걷고 있다면, 그 자체로 이미 이기고 있는 것이다. 그러니, 거북이처럼 단단하게, 목표에 집중하라. 그것이 결국 삶의 레이스에서 승리하는 유일한 길이 된다.

시간은 한정되어 있다

『레버리지』에서 강조하는 것은 '시간'이었다. 정해진 시간 안에서 어떻게 더 큰 결과를 만들어 낼 수 있을지 '효율성'에 초점을 맞춰야 한다. 불필요한 시간을 줄이고, 적은 시간으로 최대의 효과를 내는 방법을 찾는 것. 그것이 바로 일에 얽매이지 않고, 진짜 나의 인생을 사는 방법이다.

시간은 우리에게 자유라는 선물을 가져다 준다. 하지만 그 자유는 준비된 자에게만 허락된다. 시간은 두 번 다시 주어지지 않는 가장 소중한 자원이다. 그런데도 많은 사람이 그것을 쉽게 흘려보낸다. "내일이 있으니까." "다음 기회가 있으니까." 이런 말로 오늘을 미루는 사람은 인생을 바꿀 수 없다.

『레버리지』에는 이런 말이 있다.

"레버리지는 최소한의 노력과 시간으로 현대 과학 기술로부터 최대의 이익을 얻는 방법이고, 삶과 비즈니스를 위해 타인을 활용하는 방법이며, 더 짧은 시간에 더 많은 일을 처리하고 모든 것을 아웃소싱하고, 이상적인 라이프스타일을 창조하는 방법이다."

최소한의 노력과 시간으로 최대의 이익을 얻는 것이 지금 시대의 전략이다. 현대 사회는 기술이라는 거대한 파도를 타고 흘러간다. 과학의 발전 속도는 인간의 두 다리로는 따라잡을 수 없다. AI도 마찬가지다. 하루에도 몇 번씩 새로운 도구와 기술이 등장하고, 어제 배운 것이 오늘은 구식이 되어버린다.

계속해서 발전하고자 하는 욕구가 없다면, 자신이 아는 과거의 지식과 경험 안에만 갇혀 변화한 세상에 맞지 않는 선택을 내리게 된다. 도태는 무지에서 시작되는 것이 아니라 정지된 열정에서 시작된다.

시간은 누구에게나 공평하게 주어지지만, 그 시간의 '무게'는 사람마다 다르다. 같은 1시간이라도 누군가는 인생의 방향을 바꾸고, 누군가는 흘러간 줄도 모른 채 놓쳐버린다. 성장을 위해 시간을 쓰는 사람은 안다. 시간이야말로 가장 값비싼 자산이라는 것을.

그들은 하루의 틈새마저도 자신을 갈고닦는 데 사용한다. 시간을 금처럼 다루는 사람에게, 시간은 금이 된다. 반대로, 의미 없이 시간을 흘려보내는 사람은 시간이 멈춰 있는 것처럼 느껴진다.

억지로 해야 하는 일을 하는 자리는 시간이 모래주머니를 단 것처럼 더디게 흘러간다. 내가 좋아하고 관심 있는 일에 몰입하면 시간은 마치 날개를 단 듯 순식간에 흘러간다. 나의 과거 역시 그랬다. 군 시절에는 시간이 유난히 느리게 흘렀다. 누군가의 지시와 통제 속에서 움직여야 했기에 나만의 시간이 아니었다. 나의 성과가 아닌 조직의 성과를 위해 하루를 소모하고 있었기 때문이다. 그 시간은 나의 것이 아니었고, 나는 그 안에서 점점 희미해지고 있었다. 하지만 지금은 다르다. 지금의 시간은 온전히 나의 것이다. 오로지 나의 성장, 내가 세운 회사의 성장을 위해 시간을 쓰고 있다.

하루하루가 쌓이면서 내 이름의 기반이 되고, 나의 시간이 진짜 '나의 삶'을 만들어가고 있다는 것을 느낀다. 시간은 우리가 태어나는 순간부터 서서히 줄어들기 시작한다. 삶이 시작되는 순간, 보이지 않는 모래시계가 뒤집히는 것이다. 언제 멈출지는 아무도 모르지만 반드시 멈추게 되어 있다.

이제는 "얼마나 오래 사느냐?"가 아니라 "주어진 시간 동안 무엇을 하며 사느냐?"가 더 중요하다. 인생은 주어진 시간을 어떻게 사용하는가에 따라 결정된다. 나에게 주어진 시간은 무한하지 않고 오늘이라는 하루도 어제와 맞바꾼 단 하루뿐이다.

만약 내 눈으로 주어진 시간이 얼마나 남았는지 볼 수 있다면, 아마 그 시간을 아무렇게나 흘려보내는 사람은 없을 것이다. 우리는 모른다. 언제까지 살아갈 수 있는지, 그 끝이 어디인지 알 수 없기에 시간이 영원한 것처럼 느끼며 살아간다. 그러나 시간은 영원하지 않다. 되돌릴 수도 없고 멈출 수도 없다.

나는 지난 2년의 세월을 오로지 준비하는 데 썼다. 매일의 선택이 미래로 향하는 디딤돌이 되도록 한 걸음씩 차근차근 준비해 왔다. 그리고 마침내 모든 준비를 마치고 사회로 나왔다. 나오기 전부터 이미 해야 할 일들이 정해져 있었다. 정확히 말하면 원래 하던 일을 더욱 구체적이고 세밀하게 다듬을 수 있는 여건이 마련된 것이다. 그렇게 나는 더욱 집중할 수 있는 시간을 가지게 되었고, 덕분에 두 번째 책을 집필할 수 있었다.

고급스러운 시계보다 더 중요한 것은 고급진 시간을 사용하는 것이다. 하지만 어느새 우리는 시간 그 자체보다는 시계의 눈금을 더 의식하며 살아가고 있다. 정작 흘러가는 시간에는 무감각한 채, 시곗바늘이 가리키는 숫자에만 집중한다. 그러다 '시간이 없어서 하지 못 한 일들'을 떠올릴 때면, 후회만 남는다.

나도 후회를 한다. 조금이라도 더 빨리 책을 읽기 시작했더라면, 일찍 세상에 대해 눈을 떴더라면, 내가 몰랐던 더 크고 넓은 세계가 존재한다는 사실을 일찍 깨달았을 것이다. '세상은 원래 이런 거야.'라는 좁은 시야 안에서, 얼마나 많은 기회를 놓쳤는지 생각하면 아쉬움이 밀려온다.

시간을 돌릴 수만 있다면, 그 시간을 무의미한 소모에 쓰지 않고 독서에 투자하고 싶다. 소크라테스도 이런 말을 했다.

> "독서로 시간을 보내라. 남이 고생한 것을 통해 쉽게 자기 자신을 개선할 수 있다."

직접 경험할 시간이 충분하지 않는가? 하루에 단 1~2시간만 투자하더라도 간접경험을 통해 새로운 세상을 미리 들여다볼 수 있다. 독서는 레버리지를 극대화할 수 있는 최고의 수단이다.

성공한 사람들일수록 책을 읽는다. 시간이 남아서가 아니라 시간이 없기에 더 효율적인 방법을 선택하는 것이다. 독서의 가치를 알기에, 그 누구보다 바쁜 사람도 시간을 내서 책을 읽는다.

나 역시 지금의 자리에 올 수 있었던 가장 큰 이유는 독서였다고, 누구보다 확신하고 말 할 수 있다. 만약 내가 매일 책을 읽지 않았다면, 읽은 내용을 곱씹고, 체득하고, 내 삶에 하나씩 적용하지 않았다면 나는 여전히 과거의 고민 속에 머물며, 정체된 삶을 살아가고 있었을 것이다.

하루에 단 1~2시간. 무심코 유튜브를 보거나 피드만 넘기던 그 시간을, 오직 나를 위한 성장의 시간으로 바꾸는 일. 그 선택이 결국 인생을 바꾸는 가장 강력한 촉매제가 되었다. 독서는 당장 눈에 보이는 변화를 만들어내진 않는다. 하지만 천천히 내면을 바꾸고 세상을 바라보는 시선, 사고의 깊이, 인생을 대하는 태도를 바꿔놓는다.

나는 이제 안다. 책은 단순한 정보의 집합이 아니다. 책은 앞으로의 나를 더 나은 방향으로 이끌어주는 가장 현실적인 성장의 출발점이다. 그래서 말하고 싶다. 당신도 지금, 단 한 권의 책을 펼쳐보라고. 그 책이 당신의 '다음 인생'을 열어줄지도 모른다.

이제 당신 차례다. 지금의 당신이 아닌, 앞으로의 당신을 위해, 오늘 단 한 권의 책부터 다시 시작하길 바란다.

| 에필로그 |

책이 나를 바꿨습니다. 그리고 지금 이 순간, 이 책을 읽고 있는 당신에게도 작은 불씨 하나를 건네고 있다고 믿습니다.

어떤 책이 나를 바꾸게 될지 알 수 없지만 단 하나의 문장, 단 한 권의 책이 인생을 완전히 바꾸는 계기가 될 수 있습니다.

책은 가장 깊은 곳을 바꾸는 도구입니다. 변화하지 못하는 건 몰라서가 아니라 질문하지 않기 때문입니다. 읽지 않기 때문입니다. 책을 읽으면 언어가 바뀝니다. 언어가 바뀌면 생각이 바뀌고, 행동이 바뀌고, 결국 삶이 바뀝니다.

이제는 선택할 차례입니다. 어떤 문장을 붙잡을 것인가. 어떤 책과 대화를 시작할 것인가. 그리고 어떤 인생을 살아갈 것인가.

이 책에서 소개한 12권의 책 중, 단 한 문장이라도 당신의 가슴에 불을 켤 수 있다면 그것만으로 이 책의 목적은 완성됩니다.

책은 결국 당신 안의 불을 켭니다. 당신 안의 길을 비춥니다. 그리고 그 길은 당신만의 삶으로 이어질 겁니다.

그때 그 책이 아니었더라면

지은이	북크북크(박수용)
발행일	2025년 8월 25일 초판 1쇄
펴낸이	양근모
펴낸곳	도서출판 청년정신
출판등록	1997년 12월 29일 제 10-1531호
주 소	경기도 파주시 경의로 1068, 602호
전 화	031) 957-1313 팩스 031) 624-6928
이메일	pricker@empas.com

ISBN   978-89-5861-253-7 (13320)

- 이 책은 저작권법에 의해 보호를 받는 저작물입니다.
- 이 책의 내용의 전부 또는 일부를 이용하시려면 반드시 저작권자와 도서출판 청년정신의 서면동의를 받아야 합니다.